그리스도인이면 꼭
알아야 할 성경 지식

출애굽기

제2권 하나님의 백성에게 주어진 십계명과 율법(15-40장)

서울솔로몬학교 성경연수원

차 례

이 책에 인용된 성경 구절은 〈한글킹제임스성경〉입니다.

제 1 과

하늘에서 내려온 만나와 아말렉과의 전쟁 (15-18장)

『주는 나의 힘이요 노래시며, 주는 나의 구원이 되셨도다. 주는 나의 하나님이시니 내가 주께 처소를 예비하겠으며 내 조상의 하나님이신 주를 드높이리로다』(출 15:2).

홍해를 건넌 후의 일들

홍해의 기적은 실로 위대한 승리였고, 능력에 의한 구속의 위대한 역사였다. 유대인 역사가 요세푸스는, 당시 이스라엘 백성을 추격했던 파라오 군대의 규모에 관해 병거가 600대, 기병이 5만 명, 보병이 20만 명이라고 기록했다. 이 엄청난 규모의 군대가 새벽 2시부터 6시 사이(『**새벽 경점**』, 14:24)에 이스라엘을 따라 "마른 땅 한 가운데"로 들어갔다가 "물벼락"을 맞았던 것이다. 산더미 같은 물이 그들 위로 덮쳤을 때, 그들의 머리는 깨지고 뼈들은 으스러졌을 것이다. 물이 그런 대로 얕은 곳에 있던 병력은 시속 100km로 양쪽에서 밀어닥치는 바닷물에 산산이 부서졌을 것이다. 파라오 역시 그의 군대와 함께 멸망했다(시 136:15). 이 영광스러운 승리 앞에 이스라엘 백성은 두려워 떨었고, 이 기적을 이루신 위대하신 하나님과 그분의 종 모세를 믿게 되었다(14:31). 또한 하나님께 찬양을 드렸다(15:1). 그러나 그것도 잠시뿐, 그들은 시내 산으로 가는 내내 계속해서 불평을 하게 된다.

MEMO

■ 새롭게 깨달았거나 적용할 내용이 있다면 적어 보세요. ■

구속받은 자들의 노래(15:1-21)

『이때에 모세와 이스라엘 자손들이 **주**께 이 노래를 노래하고 고하여 말씀드리기를 "내가 **주**께 노래하리니 주께서 영광스럽게 승리하셨음이요, 말과 그 탄 자를 바다 속으로 빠뜨리셨음이라』(1절).

이것은 책의 배열 순서로 보면 성경에서 처음으로 등장하는 "노래하는"(sing) 장면이다. 이때 이스라엘 백성들은 "피"(유월절 어린양의 피)와 "능력"(이집트에 내린 심판과 홍해의 기적)으로 구속을 경험한 후 마음으로부터 우러나온 승리의 찬가를 노래했다. 우리는 여기에서 구속(혹은 구원) 없이는 노래도 없다는 사실과, 참된 노래의 원천이요 대상이 대시는 분은 우리에게 구원을 주시는 주 하나님 한 분뿐이시라는 사실을 배울 수 있다.

이스라엘 백성들의 "힘"이시고 "노래"이시며 "구원"이신 하나님을 찬양하는 이 노래의 가사는, 세상에 속한 노래의 그것과는 확연하게 다르다. 그 내용이 너무나도 "섬뜩하기" 때문이다. 하나님께서는 그분의 백성을 구속하시고 그분의 처소로 인도하셨으며(13절), 그들을 사셨고(16절), 데리고 오셔서 그분의 유업의 산에 심으시는(17절) 자상한 모습으로도 묘사되지만, "이스라엘 군대"(6:26; 7:4)를 통솔하시는 "전사"(3절)로서 "말과 그 탄 자"를 바닷속으로 던지셨으며 이방 민족들을 굴복시키시고, 영원무궁토록 다스리실 왕으로도 묘사되신다(14-18절). 세상 사람들은 왜 아름다운 것들을 놔두고 그런 끔찍한 일을 노래로 부르느냐고 따져 묻고 싶을지도 모르겠지만, 본래 순수한 노래란 바로 이런 노래다. 노래의 기원은 세상이 아니라 하나님께 있기에, 세상은 참된 노래를 미워하게끔 되어 있는 것이다(cf. 요 15:19).

마라를 거쳐 엘림으로(15:22-27)

『그러므로 모세가 이스라엘을 홍해에서 인도하니, 그들이 술 광야로 가서 광야에서 삼 일을 갔으나, 물을 찾지 못하더라. 그들이 마라에 왔으나 마라의 물을 마실 수가 없었으니, 이는 그 물이 쓰기 때문이라. 그러므로 그 이름을 마라라 하니라』(22,23절).

이스라엘 백성들은 홍해를 떠나 곧장 방향을 남쪽으로 틀어 "시내 산"을 향해 광야로 들어간다. 이것은 하나님께서 처음부터 의도하셨던 것으로 그들로 하여금 하나님을 섬기게 하시기 위해서였다. 하나님께서는 그곳에서 백성들에게 하나님을 섬길 모든 것과, 약속의 땅에 들어가서 해야 할 모든 것들에 관한 규례를 주셨다.

홍해를 뒤로하고 남쪽으로 내려가는 길은 시작부터 매우 고되었다. 3일 동안이나 물을 찾지 못했기 때문이었다(22절). 그러다 도착한 곳이 "마라"("쓰다"라는 뜻)였는데(23절), 이에 이스라엘 민족은 3일 동안 참아온 불평을 쏟아 냈다(24절). 그때 모세는 하나님께 부르짖었고, 주님께서는 쓴 물을 달게 하는 "치유"의 표적을 행하셨다(25절). 말하자면 그들을 인도하시는 주 하나님은 "치유의 주"이셨던 것이다(26절). 이후 그들은 엘림에서 열두 샘물과 칠십 개의 종려나무 곁에서 휴식을 취하게 된다(27절).

언제나 단맛을 보기 전에는 쓴맛이 선행되고, 열매를 맺기 전에는 언제나 인내의 기간이 필요하며, 복과 영광에 앞서서 고난이 선행되는 법이다. 그러나 그런 것을 망각하고 쉽게 불평을 내뱉는 것이 우리 인간들의 본성이다. 위대한 하나님의 사람들마저 이로부터 자유롭지 못했다. 최고의 군대 대장이었던 여호수아는 하나님께 푸념을 늘어놓은 적이 있다(수 7:7). 거짓 선지자 400명을 처단할 만큼 강력했던 엘리야도 향나무 아래에서 마치 세상이 끝날 것처럼 신음한 적이 있다(왕상 19:4). 요나는 니느웨 성읍에서 위대한 회개와 부흥을 이끌어 냈음에도 불평을 버리지 못했다. 모세도, 베드로도, 다윗도 모두 때때로 불평을 했다. 선택받은 사도들도 마찬가지였다. 오직 바울만이 어떤 처지에 있든지 만족하는 법을 배웠다(빌 4:11-13). 물론, 우리는 바울의 본을 따라야 한다(고전 11:1).

만나와 메추라기(16장)

『모세가 말하기를 "주께서 저녁에는 고기를 너희에게 주시어 먹게 하시고 아침에는 빵을 주시어 배부르게 하시리니, 이는 너희가 주께 대하여 불평하는 너희의 불평을 주께서 들으심이라. 우리가 무엇이냐? 너희의 불평은 우리를 대적해서 함이 아니라 주께 대적하여 함이로다." 하니라』(8절).

홍해를 건넌 이 거대한 군대는(12:51) 시내 반도의 서쪽 해안을 따라 행진을 계속하여, 엘림과 시내 사이에 있는 신 광야에 다다랐다. 출애굽한 지 만 30일이 되던 때였다(1절, 둘째 달 십오일). 백성들은 이때에 또다시 불평을 늘어놓는다. 그들은 처음에는 "물" 때문에 불평했고(15:23,24), 이번에는 "빵" 때문에 불평했다(2,3절). 이것은 "과장된 불평"이었는데, 이는 그들이 이집트에서 빵을 배불리 먹어 본(3절) 적이 없었기 때문이다.

백성들의 불평을 들으신(7-9,12절) 하나님께서는 저녁에는 메추라기를 아침에는 만나를 내려 주셨다(13절). "만나"[1]는 "천사들의 음식"으로서(시 78:25) 사람들에게는 알려진 바가 없었고, 이러한 무지로부터 그 이름이 유래되었다(15절, 신 8:3,16). 그것은 비처럼 내리는(4절), 하늘에서 내려오는 빵(요 6:32)이었는데, 온도가 올라가면 녹았다(21절). 고수 풀 씨앗같이 작고 둥근 모양에(14절) 흰 서리 같았으며, 맛은 꿀 섞은 전병 같았다(14,31절).

예수 그리스도를 예표하는 만나

① 모든 이에게 필요하다. 빵은 보편적인 음식이다(눅 4:4).

② 희다(14절 - 순수함, 시편 12:6).

③ 육신적인 사람들은 진저리를 낸다(민 21:5).

④ 하늘로부터 왔다(시 80:5).

⑤ 어떤 식욕에도 충분하다(18절).

⑥ 만나는 반드시 사용되어야 하고, 그에 따른 명령에 대해 순종해야 하며, 다른 사람에게 전달되어야 한다(19절).

⑦ "일곱째 날"에는 필요가 없는데(계 20:1-7), 이는 육화된 말씀이 그날에 지상에 나타나시기 때문이다.

하나님께서는 광야에서 약 40년 동안, 카나안 땅에 이를 때까지 이스라엘 백성들을 만나로 먹이셨는데, 후대를 위한 증거를 위해 만나 한 오멜을 항아리에

---

1) "만나"는 사탄과 관련이 있다. 만나는 썩고 벌레가 생기며(출 16:20), 욥기 41:15의 리비야단의 "비늘"과 관련이 있다("둥근 것"(출 16:14)에 해당하는 히브리어 단어는 "하스파스"(חספס)인데, 이것은 "비늘 같은"의 의미를 갖고 있다). 이것은 대환란 기간에 이스라엘 백성들에게 비처럼 내려질 텐데(애 5:9, 계 12:6, 미 7:14), 이때 리비야단의 머리들(욥 41장, 시 74:14) 가운데 하나가 상처를 입는다(계 13:1-3).

담아서 증거판 앞에 두어 간수하게 했다(34절). 실로 기적과 같은 일이 40년 동안 매일 한 치의 오차도 없이 이스라엘 가운데 나타났던 것이다. 하나님께서는 이집트(세상의 예표)를 떠나 약속의 땅을 향해 여행 중에 있는 그분의 백성들에게, 그들이 광야에 있는 동안 하루에 한 번씩 꼬박꼬박 먹을 것과 입을 것을 지속적으로 공급해 주셨다. 즉 이집트를 바라볼 때는 불평과 불만이 나올 수밖에 없지만, 그들이 하나님을 온전히 신뢰함으로써 광야를 지나갔다면 온전한 주의 안식과 영광을 누릴 수도 있었던 것이다.

르피딤에서의 불평(17:1-7)

『백성이 거기서 물이 없어 갈증을 느끼니 백성이 모세에게 대항하며 불평하여 말하기를 "어찌하여 네가 이집트에서 우리를 데리고 나와서 우리와 우리 자녀와 우리의 가축을 목말라 죽게 하느냐?" 하더라. 모세가 **주**께 부르짖어 말하기를 "내가 이 백성들에게 어떻게 하리이까? 그들이 곧 내게 돌을 던지려고 하나이다." 하니 **주**께서 모세에게 말씀하시기를 "백성 앞을 지나가서 이스라엘의 장로들을 데리고 강을 쳤던 네 막대기를 손에 잡고 가라. 보라, 내가 거기 호렙에 있는 반석 위에서 네 앞에 서리니 너는 그 반석을 치라. 그러면 그곳에서 물이 나오리니, 백성이 마시리라." 하시니, 모세가 이스라엘의 장로들 앞에서 그렇게 행하니라』(3-6절).

이스라엘 백성들은 천천히 해안을 따라 밑으로 내려가다가 내륙 끝으로 방향을 돌려 르피딤에 도착했다. 이곳에서 백성들은 마라에서처럼 "물" 때문에 불평했다(3절). 백성들은 마실 물이 없는 것 때문에 모세와 다투었고(2절 - 『**맛사와**

므리바』, 7절), 심지어 돌을 던지려고까지 했다(4절). 이스라엘 백성들은 첫 번째 불평이 있은 지 25일도 채 안 되어 벌써 세 번이나 불평한 것이었고, 첫 번째 시험과 "똑같은" 종류의 시험에 걸려 넘어진 것이었다. 그들을 탓할 일만은 아니다. 이것이 연약한 인간의 모습이다.

불평은 언제나 잘못된 것이지만, 그들의 불평은 두 가지 측면에서 볼 때 더더욱 그러했다. 첫째, 이스라엘은 주님께서는 원하시면 장소를 불문하고 물뿐만 아니라 다른 것들, 곧 만나와 메추라기도 공급하실 수 있는 분임을 알고 있었다. 그런데도 그들은 『**주께서 우리 가운데 계신가 안 계신가?**』(7절) 하면서 하나님을 시험했던 것이다. 둘째, 누구라도 목마르다면 샘을 파서 물을 구할 수 있었다(민 21:18). 이미 250km 이상 여행을 했음에도, 약 2백만 명의 사람들과 수천 마리의 양과 염소, 소, 말, 노새, 낙타 등이 별 탈 없이 좋은 영양 상태를 유지하고 있지 않았는가? 이는 물을 구할 방법이 있었다는 뜻이다. 그런데도 그들은 "야전삽"을 꺼내 들기보다 불평하기를 택했던 것이다.

백성들이 자신을 대항하여 불평하자, 모세는 하나님께 방도를 구하며 부르짖었다. 주님께서는 이 기도를 들으시고, 모세에게 막대기로 "호렙에 있는 반석"을 치라고 명령하셨다. 그랬더니 "물"이 흘러 나왔다(5,6절). 『**그가 반석을 가르시니 물이 쏟아져 나와 마른 땅에 강같이 흘렀으니**』(시 105:41). 이 "반석"은 "주 예수 그리스도"를 예표한다(고전 10:1-4, 마16:18; 21:42,44, 벧전2:4,8, 신 32:15, 18,30,31). **반석이 막대기에 의해 맞았다는 사실은 주 예수님께서 죄인들을 대신하여 심판을 받으신 것을 예표한다(사 53:3-8)**. 막대기로 반석을 쳤을 때 하나님께서 그 반석 위에 서 계셨다는(6절) 사실을 주목하라. 하나님께서는

대속의 역사를 이루기 위해 친히 인간들의 곁으로 내려오신 것이다.

막대기로 내리친 반석에서 "물"이 나왔다는 것은 십자가에서 피 흘려 죽으신 예수 그리스도께서 부활하시고 승천하시어 영광을 받으신 이후에 "성령"께서 이 땅에 내려오셨음을 보여 준다(요 7:38,39). 따라서 **한 번 맞은 반석은 "다시" 맞아서는 안 되었다**. 성령님이 역사하실 때마다 예수님께서 죽으셔야 하는 게 아니기 때문이다. 우리는 이제 "말씀드리기만" 하면 언제나 그분께로부터 오는 복을 향유할 수 있다. 후일 모세는 이 중요한 예표를 깨트림으로써(민 20:11) 약속의 땅에 들어가지 못하게 되었다(민 20:12).

아말렉과의 전투(17:8-16)

『그때에 아말렉이 와서 르피딤에서 이스라엘과 싸우니라. 모세가 여호수아에게 말하기를 "우리에게서 남자들을 택하여 나가서 아말렉과 싸우라. 내일 내가 하나님의 막대기를 내 손에 들고 산 정상에 서리라." 하니라』(8,9절).

반석에서 물이 나온 지 얼마 되지 않아, 출애굽 이후 첫 번째 전투가 르피딤에서 일어났다. 이스라엘을 공격한 민족은 "아말렉"이었는데, 이들은 에서의 후손이었고(창 36:12), 그 자손들은 하윌라에서부터 이집트 건너편 술에 이르는

지역까지(삼상 15:7), 즉 카나안 남부(민 13:29) 에돔 땅 근처에 거주하고 있었다. 그 이름의 히브리어 어근들은 "죄, 해악, 실수, 사악함, 괴롭게 함"의 의미들을 갖고 있는데, 영적으로는 "육신"을 예표한다(갈 5:17, 롬 7:13-25). 예수 그리스도(반석)께서 나타나시면서 성령 하나님(물)도 나타나시게 되는데, 이럴 때면 육신(아말렉)도 어김없이 나타나 자신의 권리를 주장하는 것이다. 반석이 치유의 강물(요 11:1-44)을 주려고 할 때마다 아말렉의 자손들이 무장하고 나타나는 것이다.

아말렉과의 전투를 통해 우리는 영적 전쟁에 관한 몇 가지 교훈들을 얻을 수 있다. 아말렉은 이스라엘이 피곤하고 지쳐 있을 때 "가장 후미에" 뒤처져 있는 연약한 백성들을 공격했다(신 25:18). 이처럼 마귀는 성도 개인은 물론 교회의 가장 연약한 부분이나 대열에서 낙오한 자들을 공격한다. 백성들이 아말렉에 대항하여 승리하기 위해서는 두 가지 요소가 필요했다. 하나는 전투의 선봉에 선 군대 대장 "여호수아"를 따라 싸우는 것이었고(9절), 다른 하나는 모세와 아론과 훌[2]이 함께 산 정상으로 올라가서(10절) 손을 들고 기도하는 것이었다(11절).

이는 영적 전쟁에서 승리하려거든 우리 스스로의 지략이 아니라 우리의 대장 되신 예수 그리스도를 따라 싸워야 하며(히 2:10), 성도들과 함께 기도로 분투해야 함을 의미한다(롬 15:30-32, 엡 6:19). 실제적인 싸움이든 기도든 "인내"가 필요하다는 점 또한 우리는 기억해야 한다. 우리는 죽기까지 신실할 것

---

2) 모세, 아론, 훌을 통해 우리는 주 예수 그리스도께서 과거에 선지자로 오셨고, 지금은 대제사장으로 계시며, 앞으로는 왕으로서 통치하실 것이라는 진리를 엿볼 수 있다. 이 전쟁에서 책임을 맡은 사람들은 선지자(모세), 제사장(아론), 왕(훌 - 유다 지파, 대상 2:19, 창 49:10)이었던 것이다. "막대기"라는 물건을 통해서도 우리는 이러한 그림을 엿볼 수 있다. 모세의 손에 들려 있는 막대기(9절)는 "선지자"이신 예수 그리스도를(신 18:15,18) 예표하는 것이었다. "아론의 막대기"(출 7:12)는 "대제사장"이신 예수 그리스도를 보여 준다. 막대기하면 떠오르는 사람이 또 있는데, 바로 다윗이다. "다윗의 막대기"는(삼상 17:40,43) 는 "왕"이신 예수 그리스도를 예표한다.

〈한글킹제임스성경〉으로 가르치는

정통 신학의 요람

킹제임스성경신학교

KJBC

바른 성경 정착, 바른 교리 정립, 능력 있는 일꾼 양성

하나님께서는 모든 사람이 구원을 받고 진리의 지식에 이르기를 원하시느니라.

- 디모데전서 2:4 -

www.kjbc.org

KJBC

킹제임스성경신학교는 피터 럭크만 박사가 미국 플로리다주 펜사콜라시에 설립한 Pensacola Bible Institute (PBI)에 기반을 두고 있습니다. 미국 Pensacola Bible Institute는 1965년 9월 개강한 이래로 지금까지 미국 내 정통 신학 교육의 요람으로서, 미국 내 유수한 근본주의 침례교 신학교들을 압도하고 성경대로 믿는 그리스도인들의 산실이 되고 있습니다. 자유주의와 현대주의를 배격하는 가운데 정통 교리의 수준 높은 신학 교육은 물론이요, 능력 있는 설교자 양성을 위한 강도 높은 훈련으로도 단연 으뜸입니다. 이처럼 본 신학교도 1991년에 세워진 이래로 이 땅에 바른 성경적 지식을 정착하고 신실한 하나님의 일꾼을 양성하는 데 총력을 기울여 오고 있습니다.

기존 신학교는 하나님의 말씀보다는 교단 신학과 학문으로서의 신학에 중점을 두어 가르치고 있습니다. 또한 편협한 교단 교리에 하나님의 말씀을 억지로 끼워 맞춰 가르치고 있기 때문에 이제는 하나님의 말씀에 근거한 신학을 제대로 가르치는 곳이 절대적으로 필요합니다. 이런 절실한 필요에 의해 본 신학교는 모든 교과 과정을 교단 신학이 아닌 하나님의 말씀으로 채움으로써 하나님의 말씀에 대한 올바른 지식을 터득할 수 있도록 구성하고 있습니다. 이렇게 구성된 모든 교과 과정은 성경 각 책에 대한 깊이 있는 수업과 설교의 실전 연습, 제반 목회 생활에 관한 실제적인 수업들로 이루어져 있으며, 무엇보다도 균형 있고 올바른 성경적 지식으로 무장할 수 있는 많은 수업들이 제공되고 있습니다.

킹제임스성경신학교는 설교자와 목회자, 성경 교사, 선교사를 양성하기 위한 곳으로, 3년의 모든 과정을 착실히 이수한 모든 학생들이 각자 하나님의 부르심에 따라 언제 어디서나 전담 사역자로서 사역할 수 있도록 양육받을 수 있는 국내 유일의 온·오프라인 정통 신학교입니다.

입학요강

	신학사(B.D.)	킹제임스성경신학원 신학석사(Th.M.)
수업연한	3년 (6학기)	2년 (4학기)
자 격	• 거듭난 그리스도인으로서 하나님께 쓰임받기 원하는 사람 • 고등학교 졸업자 및 졸업 예정자 또는 동등 이상의 학력이 인정되는 자(연령 제한 없음)	• 본교를 졸업한 신학사 학위 소지자로서 진리의 지식으로 효과적인 사역을 이루려는 분
선 발	서류전형(입학원서, 구원간증, 자기 소개서), 면접(서류 전형 합격자에게 개별 통보)	
학사일정	오프라인 봄 학기 매년 3월초 가을 학기 9월초 개강(총 16주) 월,화,목,금(오후 6:30 – 9:20) 온 라 인 수시접수 가능(한 학기 총 16주 / 100% 동영상 강의)	한 학기당 16주 과정 (화요일 오후 6:30 – 9:20)
원서교부	킹제임스성경신학교 교무처 / 인터넷 접수	

을 각오하고(계 2:10), 싸움이 끝날 때까지 뻗친 손을 거둬서는 안 되는 것이다(수 8:26, 삼하 23:10).

여호수아와 백성들이 칼날로 아말렉과 그의 백성을 쳐부수고 난 뒤(13절), 하나님께서는 모세에게 『**이것을 책에 기록하여 기념하게 하고... 내가 하늘 아래에서 아말렉의 기억을 완전히 없앨 것임이라.**』(14절)라고 말씀하셨다. 하나님과 육신 사이에는 결코 평화가 없다. 그 둘은 한 쪽이 섬멸될 때까지 서로 반목할 뿐이다. 그래서 하나님께서는 『**대대로 아말렉과 싸우리라고**』(16절) 맹세하신 것이다. 하나님께서 이미 결정하셨으니, 우리의 선택만이 남은 셈이다. 모세가 이때 하나님께 쌓은 제단의 이름이 『**여호와닛시**』(15절), 곧 "여호와는 나의 깃발"이었다는 것을 기억하는가? 나부끼는 깃발처럼 우리를 부르시는 주님을 바라보고 그 깃발 아래서 싸워 승리할지, 아니면 육신에게 굴복해서 부끄러운 일들만을 행하면서 살아갈지 선택해야 하는 것이다. 여기에 중립지대란 없다!

■ 새롭게 깨달았거나 적용할 내용이 있다면 적어 보세요. ■

MEMO

모세의 장인 이드로의 잘못된 조언(18장)

『또한 그대는 모든 백성 가운데서 능력 있는 자, 즉 하나님을 두려워하고, 진실한 사람이며 탐심을 미워하는 자를 선발하여 백성들 위에 세우고, 천부장과 백부장과 오십부장과 십부장을 삼아 그들로 모든 때에 백성을 재판하게 하라. 큰 일은 다 그대에게로 가져오게 하고 작은 일들은 다 그들로 재판하게 하면 그들이 그대와 더불어 그 짐을 져 그대에게는 보다 쉬워지리라』(21,22절).

출애굽 소식을 접한 모세의 장인 이드로는 모세의 아내와 자녀들을 데리고 호렙으로 왔다. 이때 모세는 장인의 음성에 경청하는 어리석음을 범했다. **『그리하여 모세가 그의 장인의 음성에 경청하여』**(24절). 타인, 특히 경험과 지혜를 가진 노인들의 조언을 귀담아 듣는 것은 일반적으로 현명한 일로 여겨지지만, 성경은 반드시 그렇지만은 않다고 말씀하신다(살전 5:21, cf. 왕상 13장). 이드로의 조언은 잘못된 것이었고, 후일 코라의 반역이라는 엄청난 후폭풍을 초래하고 말았다(민 16:1-12).

이드로의 조언의 오류

① 이드로는 다른 사람들은 서 있는데 모세가 앉아 있는 것에 대해 쓸데없는 이의를 제기했다(14절, 마 23:1,2). 그의 비평(17절)은 현대인들의 "편리주의"(22절)를 잘 설명해 준다.

② 이드로는 『그대와 그대와 함께한 이 백성이 둘 다 분명히 피곤하리니』

(18절)라는 이유를 들었지만, 모세는 하나님께서 함께 계셨기에 피곤함을 몰랐다(신 34:7).

③ 이드로는 『**그대가 혼자서는 그 일을 할 수 없음이라.**』(18절)라고 단정하지만, 그것이 사실이라면 하나님께서 모르셨을 리 없고, 모세 혼자서 그 일을 하도록 두셨을 리가 없다.

④ 이드로는 『**내가 그대에게 조언하리니**』(19절)라고 말했지만, 하나님께서는 모세를 대면하여 아셨기에(신 34:10), 이드로의 조언을 통해 말씀하실 이유가 없었다.

⑤ 이드로는 『**백성 가운데 능력 있는 자, 즉 하나님을 두려워하고, 진실한 사람이며 탐심을 미워하는 자를 선발**』(21절)할 수 있다고 말하지만, 그렇게 하실 수 있는 분은 오직 하나님 한 분뿐이시다.

⑥ 이드로는 『**하나님께서도 그대에게 그렇게 명하시면**』(23절)이라고 말했지만, 예외적인 경우가 아닌 한 하나님께서는 미디안의 제사장인 이드로의 말을 따라서 명령하실 리가 없었다.

피터 럭크만 목사는 이렇게 말했다. "이드로의 충고는 아렉인 후새가 압살롬에게 한 충고와 같다(삼하 17:7-14). 이드로의 충고는 얄타와 테헤란에서 스탈린이 루즈벨트에게 한 충고와 같고, 역사를 공부하고자 하는 학생들에게 헉슬리가 말한 충고와 같고, 아브라함 링컨에게 1865년 4월 14일에 좋은 연극을 보라고 말한 누군가의 충고와 같다. 성경대로 믿는 사람들은 다시 한번 명심해야 한다. 어떤 성경 본문을 해석하는 데 있어서 〈킹제임스성경〉 본문에서 이탈되어 모든 보수주의 학자들이 만장일치로 동의한다면 그 모든 책들을 묶어 쓰레기 소각장에다 갖다 놓아야 한다."

제1과 복습문제

1. 이스라엘 백성은 (   )에서 첫 번째로 불평했는데, 이 지명의 이름은 "쓰다"라는 뜻이다. 이는 그곳의 물이 쓰기 때문이었다.

2. (   )는 하늘에서 내려오는 빵(요 6:32)으로서 비처럼 내렸다(출 16:4). 그것은 "천사들의 음식"이었다(시 78:25). 또한 예수 그리스도와 그 분의 말씀을 예표한다.

3. 출애굽기 17장의 "반석에서 물을 낸 사건"에서 반석은 (   )를 예표하고, 물은 (   )을 예표한다.

4. 막대기로 반석을 친 사건은 예수 그리스도의 십자가의 죽음과 고난을 예표하기 때문에 반석을 "여러 번" 치는 것은 좋은 의미를 지닌다. (O , X)

5. 아말렉은 영적 전쟁에서 성령을 거스르는 (   )을 예표한다.

6. 모세의 장인 이드로의 조언은 훌륭한 조언이었다. (O , X)

MEMO

■ 새롭게 깨달았거나 적용할 내용이 있다면 적어 보세요. ■

NOTES

NOTES

제 2 과

시내산에서 주어진 십계명과 율법

(19-24장)

『너는 내 앞에 다른 어떤 신들도 있게 하지 말지니라』(출 20:3).

자신을 계시하신 하나님(19장)

1. 민족적인 부르심 - 모세의 언약(1-6절)

이스라엘 백성은 르피딤을 떠나 시내 광야에 도착하고, 여기서 약 1년간을 지내게 되는데, 하나님께서는 이스라엘에게 자신을 계시하시고 국가의 기초가 되는 법을 제정해 주신다.

하나님께서는 이스라엘 앞에 자신을 나타내시기에 앞서서, 이집트의 노예로 붙잡혀 있었던 이스라엘을 구원하시기 위해 이집트를 심판하셨던 일과, 이스라엘을 구출하신 후 시내 광야에 이르기까지 인도하신 전 과정을 다시 기억나게 하신다(4절).

이집트(세상)로부터 이스라엘을 구속하신 역사와 관련된 많은 사건들이 대환란 때 또다시 반복될 것이다. 특히 4절의 "독수리들의 날개들로 너희를 실어 내게로 데려왔다"는 표현은 대환란 때 이스라엘의 남은 자들이 적그리스도의 박해를 피해 셀라 페트라로 갈 것을 보여준다(신 32:10-12, 계 12:14, 마 24:20).

모세의 언약(5,6절)은 믿음과 행위를 전제로 하는 조건적인 언약이다. **언약을 지키면** 이스라엘 백성이 하나님께 독특한 보물이 되고, 제사장들의 왕국이 되며, 거룩한 민족이 될 것이다. 이 언약은 신명기에서도 반복적으로 제시된다.(신 28:1-13; 29:9).

그러나 언약을 지켜 행하지 않으면 언약에 따라 모든 저주가 그대로 임하게 될 것이다(신 28:15-68; 29:27).

2. 민족적인 반응 - 언약의 체결(7-9절)

이스라엘 백성들은 하나님의 말씀에 동의했다. 『**주께서 말씀하신 모든 것을 우리가 행하리이다**』(9절). 이스라엘 백성이 동의함으로써 언약이 체결되었으며 율법 시대의 막이 오르게 되었다.

하나님께서 율법을 주신 목적은 하나님을 두려워함으로써 복을 받는 것이다. 『**오 그들 안에 그러한 마음이 있어 나를 두려워하고 나의 모든 명령을 항상 지켜 그들이 잘되고 그들의 자손이 영원히 잘되기를 원하노라**』(신 5:29).

신약에서 말하는 율법의 기능은 첫째로 죄를 알게 하는 것이다(롬 3:19,20, 갈 3:10,11). 율법은 죄를 분명하게 드러내며, "모든 계명들을 지켜서 의롭게 될 것"을 요구하고 있다. 하지만 이것은 모든 죄인들이 스스로를 구원할 수 없음을 분명하게 보여 줄 뿐이다. 율법을 지켜서 의롭게 될 수 있는 사람은 아무도 없기에, 결국 의를 이루고 복이 되도록 주어진 율법이 죄에 대해서 온 세상을 정죄하는 저주가 된 것이다. 율법의 두 번째 기능은 지도교사로서 죄인을 예수 그리스도께로 인도하는 것이다(갈 3:13,23,24). 율법을 지켜 의롭게 될 수 있는 사람은 아무도 없기 때문에, 또 다른 중보자가 필요하다. 이것은 율법의 의를 이루시고 스스로 저주가 되셔서 우리를 율법의 저주로부터 구속하신 예수 그리스도를 바라보게 한다.

3. 하나님께서 내려오심(10-25절)

거룩하신 하나님께 나아가기 위해서는 하나님께서 만족하시는 조건을 갖추어야 한다. 잘못된 방법을 통해 다가설 때는 죽음이라는 대가를 치르게 된다. 이스라엘은 하나님께 나아가기 전에 구별된 성결의 표시로 옷을 빨아야 했고 아내들을 가까이하지 않은 채 산 주위에 경계를 정하고 산을 거룩하게 해야만

했다. 이와 마찬가지로 교회 시대에도 피의 속죄가 아닌 다른 방법을 통해 하나님께 다가가고자 하는 사람은 죽음의 대가를 치르게 된다(요 14:6, 딤전 2:5).

주께서는 셋째 날 아침 시내 산 정상에 내려오셨다(16-20절). 하나님께서 "셋째 날" 아침에 시내 산 정상에 내려오신 것은 예수 그리스도의 재림의 때를 나타내는데, 예수 그리스도께서 초림하시기 전에 나흘(4,000년)이 지나고, 초림 후 사흘(3,000년)이 시작되는 시점에(A.D. 2,000년 경) 재림하실 것을 보여 주는 것이다. 주께서 산에 내려오시는 셋째 날 아침에 천둥과 번개와 짙은 구름과 나팔 소리가 산을 가득 채우고 진동했다. 이것은 앞으로 있을 "교회의 휴거"와 "대환란 끝에 있을 환란 성도의 휴거"와 "예수 그리스도의 재림" 때 그대로 재현될 것이다(계 11:12, 살전 4:13-18, 행 1:9, 마 17:1-5, 고전 15:44,51, 계 4:1,2, 슾 1:15,16). 『**두려워 말라. 하나님께서 내려오심은 너희를 시험하시고 그를 두려워함이 너희 얼굴 앞에 있게 하여 너희로 죄를 짓지 않게 하려 하심이라**』(20:20).

십계명(20장)

1. 십계명(1-17절)

『**너는 내 앞에 다른 신들을 있게 하지 말지니라**』(2,3절). 첫 번째 계명은 인간의 모든 문제를 단순화시켜 주는 계명이다. 우상 숭배의 모든 형태를 경고하

시는 말씀이며, 하나님 앞에 그 어떤 것도, 그 어떤 사람도 두어서는 안 되는 것이다. 골로새서 3:5에서는 탐심을 우상 숭배로 규정하고, 오직 하나님을 사랑하라고 명령하신다. 『**예수께서 그에게 말씀하시기를 "너는 네 마음을 다하고, 혼을 다하고, 생각을 다하여 주 너의 하나님을 사랑하라. 이것이 첫째며, 큰 계명이니라**』(마 22:37,38).

『**너는 어떤 새긴 형상도 네게 만들지 말라**』(3-6절). 이 두 번째 계명은 로마서 1장에서 말씀하는 우상 숭배의 특정한 형태들에 대해 경고하고 있다. 이 죄는 스스로를 현명하다고 말하는 자들이 주 하나님께 영광을 돌리기를 거부하는 것으로 시작되었다(롬 1:20-23). 진화론은 이 죄의 열매다. 형상을 만드는 행위는 노아의 홍수 이후에 확산되었고, 재판관기 17-19장에서는 새겨 만든 형상과 부어 만든 형상, 제의, 사람을 아버지라 부르는 일이 등장한다. 이것은 로마카톨릭 사제직의 기원이 된다(마 13:9). 형상을 사랑하는 자는 하나님을 미워하는 자다. 이 죄는 자손들에게 영향을 미치며, 형상을 사랑하는 자들과 그들의 자손들은 결국 요한계시록 13장의 짐승의 형상에게 경배하고 영원한 멸망으로 들어가게 될 것이다. 우상을 버리면, 곧 주님을 사랑하고 주님의 계명들을 지키는 자들에게는 하나님의 자비가 수천 대까지 미친다(6절).

『**너는 주 너의 하나님의 이름을 헛되이 사용하지 말라**』(7절). 주의 이름을 모독한 사람의 경우, 그 말을 들은 자들이 그의 머리에 안수하고 모든 회중이 그를 돌로 쳐서 죽였다(레 24:10-13). 현대인은 일상적인 대화를 하는 데 있어서 저주와 독설이 그 입에 가득 차 있으며(롬 3:14), 하나님을 모독하는 말을 쉽게 한다. 사람이면서도 하나님으로, 예수 그리스도로, 보혜사로, 중보자로, 메시아로, 예언

자로 자처하는 자들은 모두 주의 이름을 모독하는 자들이다(요 10:33).

『**안식일 날을 기억하고 그것을 거룩하게 지키라**』(8-11절). 안식일은 이스라엘에게 주어진 표적이다(겔 20:12). 안식일을 지키는 것은 의식법이며, 갈보리 십자가에서 폐기되었다. 사도 바울은 로마서 13:8-10에서 십계명을 인용하며 다른 도덕법들은 그대로 인용하였으나 안식일은 의도적으로 언급하지 않았다.

『**너는 네 아비와 네 어미를 공경하라**』(12절). 번영과 장수의 약속이 주어지는 계명이다(엡 6:2). 정확한 추와 정확한 되, 혀를 악과 교활함으로부터 지키는 것, 악에서 떠나 선을 행하고 화평을 추구하는 것에도 번영과 장수의 약속이 주어지고 있다(시 34:12-14, 신 25:15). 마가복음 7:11에는 하나님께 드린다는 미명하에 자신의 부모를 봉양하지 않는 자식이 나오는데, 율법대로라면 그는 사형에 처해져야 한다. 부모의 훈계를 거부한 아들에게도 율법은 죽음을 요구한다(신 21:18-21).

『**너는 살인하지 말지니라**』(13절). 다섯 번째 계명부터는 개인적인 행위에 대해 언급하고 있다. 이 계명은 집단을 형성하는 민족적인 군대를 향해 주어진 계명이 아니다. 왜냐하면 사울에게는 아말렉의 남자와 여자, 아기와 젖먹이, 소와 양, 낙타와 나귀를 모두 죽이라는 명령이 주어졌기 때문이다(삼상 15:1-3). 만약 이스라엘이 벌인 전쟁의 결과가 십계명에서 금하고 있는 "살인"에 해당된다면, 여호수아, 갈렙, 다윗, 에훗, 바락, 입다, 삼손, 사무엘과 선지자들 등은 가장 극악한 살인자들로서 사형에 처해져야 한다. 피느하스는 한 남자와 한 여자를 찔러 죽였으면서도 하나님으로부터 보상을 받았다(민 25:6-8). 야엘은 한 남자를 죽였으면서도 다른 여인들보다 복을 받았다(판 5:24-27).

『**너는 간음하지 말지니라**』(14절). 하나님께서는 간음을 매우 싫어하신다(겔

23장, 말 2장, 히 13:4). 간음은 용서를 위한 희생제가 허락되지 않는 한, 사형에 처해져야만 하는 죄이다(레 20:10). 간음은 마음속에서 비밀리에 이루어지기도 한다(욥 24:15, 마 5:27,28). 다윗은 육체적인 간음을 범했고, 솔로몬은 영적인 간음을 범했다. 간음하지 말라는 이 계명은 율법 아래에서도 주어졌고, 은혜 아래에서도 주어졌다(롬 13:9). 이 시대에 만연한 음행은 마지막 날들의 특징 중 하나이며, 음행으로 가득한 세상은 음행의 여왕인 로마카톨릭과 더불어 대환란으로 들어가게 될 것이다(계 2:20-23).

『너는 도둑질하지 말지니라』(15절). 도둑질의 대상은 광범위하다. 여기에는 타인의 명예를 훼손하거나 속여서 이익을 얻는 일(잠 16:27-30), 젊은 여자의 순수성을 도둑질하는 일(신 22:13-28), 부모를 근심케 하여 그들의 인생을 자식에 대한 근심으로 낭비하게 하는 일(신 21:18), 국가의 세금을 도둑질하는 일, 수박 서리, 직장에서의 게으름 등이 포함된다.

『너는 네 이웃에 대하여 거짓 증거하지 말지니라』(16절). 거짓말은 물을 마시는 것만큼이나 쉽고 자연스럽게 지을 수 있는 죄다. 여기에는 거짓 증거(잠 10:18), 아첨(잠 7:21), 진리를 억압하는 것(롬 1:20-26), 진리를 전파하는 것을 거부하는 것(마 23:1-23), 과장하는 것(행 24:1-9), 거짓 정보를 제시하는 것(왕상 13:18), 타협하는 것(렘 37장), 서원을 하고 지키지 않는 것(전 5:1-5), 맹세하고 거짓말하는 것(왕상 2:15,22), 누구에 대해 거짓으로 비난을 하는 것(유 1:9,15) 등이 해당된다.

『이는 모든 사람을 심판하시고 그들 가운데 있는 경건치 않은 모든 자가 경건치 않게 행한 모든 경건치 아니한 행위와 경건치 아니한 죄인들이 주를 거슬러 말한 모든 거친 말에 대하여 정죄하시려는 것이라."고 하였느니라』(유 1:15).

『너는 네 이웃의 집을 탐내지 말며, 너는 네 이웃의 아내나 그의 남종이나 그의 여종이나 그의 소나 그의 나귀나 네 이웃의 소유 중 아무것도 탐내지 말지니라』(17절). 탐심은 신약 성경에서 거듭 강조하고 있는 정욕의 본질이다(롬 7:7). 이것은 하나님께서만이 보실 수 있는, 내면의 욕망에서 비롯된 은밀한 죄다. 탐심은 분명하게 드러나기도 하지만, 많은 경우에 잘 드러나지 않는다(요 12:6). 그러나 탐심을 품었다는 것은 아직 부화되지 않은 알처럼 모습을 드러내지 않았을 뿐이지, 죄는 이미 그 속에서 잉태되고 있는 것이다. 최초의 반역이 탐심으로부터 시작되었고(사 14:13), 인간을 타락하게 만든 것도 탐심이다(창 3:1-6). 탐심은 교만과 관계가 깊고 시기를 유발한다. 현대 사회에서 탐심을 일으키는 대표적인 요인이 "돈"인데 그것을 사랑하는 것은 모든 악의 뿌리이며 우상 숭배에 해당된다(딤전 6:10, 골 3:5).

2. 누구든지 율법 전체를 지키다가 하나를 범하면 전체를 범한 자가 되느니라(약 2:10).

1) 이 계명은 각 사람의 양심을 강하게 할 수 있을 정도로 권위가 있어서 모든 도덕적인 판단을 하는 데 기준이 되었다. 이 율법은 영적이고, 선하며, 무엇보다도 이스라엘의 참된 상태가 어떤 것인지 보여 주기 위해 주어졌다. 이방인들은 본능적으로 이 법에 대한 지식이 있다. 그들의 양심이 이것을 증거한다(롬 2장). 누구도 이 계명으로부터 자유로울 수 없으며 정죄를 피할 수 없다.

『그리스도께서 우리를 위하여 저주가 되셔서 율법의 저주로부터 우리를 구속하셨으니 기록되기를 "나무에 매달린 자는 누구나 저주받은 자라."고 하였도다』(갈 3:13).

3. 건전한 두려움과 주의 이름을 기억함(18-26절)

계명들을 들은 이스라엘은 죄에 대해 강력한 찔림을 받았고, 두려워했으며, 죄에서 떠나기를 원했다. 그리고 죄로부터 돌이키는 그들에게 경배가 주어졌다.

율법에 담긴 위대한 명령 I(21장)

모세는 하나님께서 돌판에 기록하신 십계명과 명령들, 그리고 규례들과 여러 가지 계명들을 시내 산에서 받는다(레 26:46, 신 4-5장). 성경에서 계명들과 명령들과 규례들은 특별한 구분 없이 사용되고 있지만, 일반적으로 "명령들"(judgments)은 공정한 판단(재판)을 위해 주어지는 명령들을 가리키고, "계명들"(commandments)은 포괄적인 범위의 명령들을 의미한다. 이와는 별개로 "규례들"(statutes)은 이스라엘의 조상 아브라함(창 26:5)으로부터 시작해서 구약에서만 사용되고 있다.

1. 히브리인 종에 관하여(2-11절)

하나님께서 이스라엘에게 약속하신 땅은 젖과 꿀이 흐르는 땅이다. 이스라엘을 민족적으로 부르셨기에, 그 풍성함은 개별적으로 모두에게 적용되는 것이 아니라 민족 전체에게 약속으로 주어졌다. 그러므로 어떤 자는 가난하게 되어 몸이 팔리기도 하고(레 25:39), 빚으로 인해 종이 될 수도 있다(왕하 4:1). 또한 도둑질한 것에 대해 배상할 능력이 없다면 종이 된다(출 22:3).

또한 하나님께서는 <u>가난한 자</u>가 그 땅에서 결코 그치지 아니할 것이므로, 그들에게 네 손을 넓게 펴라고 말씀하셨다(신 15:11, 삼상 2:7, 롬 15:26). 그리고 종이 된 그들의 형제를 품꾼이나 체류하는 자로 여길 뿐, 노예로 팔아서는 안 된다고 명하셨다. 왜냐하면 그들은 "이집트에서 데리고 나오신" 하나님의 종이며, 그들의 주인은 하나님이시기 때문이다(레 25:39-55, 신 15:15).

히브리인 남종(2-6절, 면제의 해 : 신 15:12-18)은 무조건 칠 년째 값없이(free for nothing) 내보내야 한다(go out = release). 혼자 왔으면 혼자, 혼인한 경우라면 아내와 같이 나가야 한다. 그뿐만 아니라 좋은 것으로 채워 주어서 그를 내보내야 한다(신 15:12-18). 만일 주인이 아내를 주어 자식을 낳은 경우라면 혼자 값없이 나가야 하는데 그에게 준 아내와 낳은 자식은 히브리인 종이 아니라 "종들의 종"이기 때문이다(타국인 : 레 25:44-46, 수 9:21-23). 하지만 그 종이 주인과 가족을 사랑해서 나가기를 원치 않을 경우에는, 주인이 재판관들 앞에서 그 종의 귀를 송곳으로 뚫어 영원히 자신의 종으로 삼게 된다(십자가에 못 박히신 예수님에 관한 예표 : 빌 2:6-8, 마 20:28, 히 10:5-10).

히브리인 여종(7-11절, 아내를 버리지 말라 : 마 19:8)은 히브리인 남종과는 다르다. 아비에 의해 아내로 팔린 딸(여종)은 7년이 되어도 자유롭게 나가지 못한다. 만일 정혼한 주인에게 그녀가 기쁨이 되지 않는다면, 그녀를 구속토록 해야 하지 그녀를 타국에 팔아서는 안 된다(다른 히브리인이 구속할 수 있다). 만약 그녀를 자기 아들과 정혼시킬 경우 딸들처럼 대해야 한다. 그 주인이 다른 아내를 얻더라도 그녀에 대한 양식과 의복과 혼인의 의무를 줄여서는 안 된다. 만일 세 가지 의무를 그가 이행하지 않을 경우 그녀는 돈을 갚지 않고도 나갈 수 있다. 뿐만 아니라 종이 주인으로부터 상해를 입는 경우(눈, 이)에는 남녀 구분 없이 누구든지 자유롭게 된다(26,27절).

2. 이웃에게 인적, 물적 해를 입힌 경우(12-36절)

사람이 살인, 패륜, 인신매매(12-17절)을 범한 경우에는 반드시 죽여야 한다(민

35:31, 레 24:17,21). 특히 간계로 사람을 죽인 경우에는 그를 제단에서 끌어내어 죽여야 한다(왕상 1:50,51; 2:28,29). 비록 사람을 죽이지는 않았다 해도, 아버지나 어머니를 저주하거나 친 경우와 인신매매의 경우에는 사형에 처해진다. 과실치사의 경우에 정해진 장소로 도망하도록 하셨다(민 35장의 도피성읍). 폭행치상, 폭행치사(18-19절, 22-25절)의 경우에는 맞은 사람이 죽지는 않았어도 전치의 상해를 입은 경우에는 때린 사람은 시간 손실에 대한 변상과 함께 온전한 치료를 전적으로 책임져야 한다. 만일 두 사람이 싸우다가 아이 밴 여인의 열매가 죽은 경우 그 아내에게 더 이상의 피해가 없다면 재판관들의 판결에 따라 그 남편이 청구하는 대로 지불해야 한다. 하지만 아이 밴 여인에게 피해가 있다면, 그 피해에 따라 갚아야 한다(죽음은 죽음으로, 상해는 상해로). 그 자리에서 죽을 정도로 때린 것은 "회개를 위한 징계"가 아니므로 그 주인에게 형벌이 주어진다(20-21절). 그렇지 않을 정도의 매질이라면(하루나 이틀 정도 살아 있다면) 그에 대한 형벌은 주어지지 않고 죽은 종으로 그 형벌을 대신한다. 이는 그 종의 죽음은 주인에게는 "경제적 손실"이기 때문이다.

소가 사람을 죽인 경우(28-32절)에는 소를 돌로 쳐 죽이고, 주인은 면제된다. 단, 그와 같은 일이 처음이 아니었을 경우에는 소와 함께 그 주인도 죽여야 한다. 만일 피해보상금을 요구하면 그 돈이 얼마가 되든지 내야 한다(사람의 생명은 값으로 매길 수 없다). 만일 소가 남종이나 여종을 죽인 경우에는 "은 삼십 세겔"로 변상하고 그 소는 돌로 쳐야 한다(은 삼십에 팔리시고, 바산의 황소들에게 죽임을 당하신 예수님을 예표).

부주의로 짐승을 죽게 한 경우(33,34절)에는 배상해야 한다. 구덩이는 주로 물을 위해 판 우물의 입구를 말하는데, 이

때 이 구덩이는 반드시 덮어야 한다(창 29:3). 그렇게 하지 않아서 이웃의 동물이 죽게 되면 그 짐승에 대해 "돈"으로 보상하고 죽은 짐승은 그가 가진다.

소가 소를 죽인 경우(35,36절)에는 죽인 소를 팔아 나누고, 죽은 소도 마찬가지로 나눈다. 단, 그와 같은 일이 처음이 아니었을 경우에는 죽은 소에 대해 "소"로 갚아야 하고(생명은 생명으로), 죽은 소는 죽인 소의 주인이 가진다.

율법에 담긴 위대한 명령 II(22장)

1. 도둑에 관한 법(1-4절)

타인의 소나 양을 훔쳐서 죽이거나 팔 경우에 소는 다섯 배로, 양은 네 배로 갚아야 한다(삼하 12:6). 만일 훔친 것이 산 채로 있으면 무엇이든 두 배로 갚아야 한다.

만일 도둑이 밤에 뚫고 들어와 발각되어 맞아 죽을 경우에는 이에 대한 피 흘림이 없으나(욥 24:16 정당방위), 낮에 일어난 일이면 그에 대한 피 흘림이 있다(과잉방어). 도둑이 자신이 도둑질한 짐승이나 물건에 대해 변상할 능력이 없다면 종으로 팔려 가야 한다.

2. 부주의에 의한 변상(5,6절)

만일 짐승을 풀어놓아 이웃의 소산물에 손실을 입힌 경우 가장 좋은 것으로 변상해야 한다.

불이 옮겨 붙어 이웃의 식량에 손실을 입힌 경우에도(판 15:5, 삼하 14:31) 손실에 따라 반드시 변상해야 한다.

3. 이웃에게 재산을 맡긴 경우(7-13절)

돈이나 물건의 경우(7-9절)에 물건을 맡은 이웃이 도둑을 맞은 경우 그 도둑이 잡히면 그는 두 배로 변상해야 한다. 그렇지 않으면 그는 재판관들 앞에서 그 물건에 손을 댔는지 조사를 받아야 한다.

소, 양, 짐승의 경우(10-13절)에는 맡긴 것이 손실(죽거나 다치거나 도망감)을 입었으나 목격자가 없을 경우에는 맡은 자는 자신의 결백에 대한 "주의 맹세"가 있어야 한다. 맹세를 하면 맡긴 주인은 그것을 받아들여야 하고 맡았던 자는 갚지 않아도 된다. 하지만 도둑을 맞은 경우라면 그 주인에게 변상해야 하고, 찢겨진 경우라면 그것에 대한 증거를 가져와야 변상하지 않을 수 있다. 돈, 물건, 소, 양, 짐승 등 잃어버린 것에 대해 한 쪽이 자기 것이라고 주장한다면 양쪽 모두 재판관 앞에 나아가야 하고 판결에 따라 거짓 증인으로 드러난 자는 그 이웃에게 두 배로 갚아야 한다.

4. 이웃에게 빌린 것에 손상을 입힌 경우(14,15절)

이웃에게서 무엇을 빌려와서 다치거나 죽게 된 경우, 만약 주인과 함께 있었다면 변상하지 않아도 되고, 세를 주고 빌렸을 경우 그 세도 돌려받게 된다.

반면에 그 주인이 없을 경우에 발생했다면 그는 반드시 변상해야 한다(이는 주인이 없었을 때, 그 소를 가혹하게 다루어 다치거나 죽였을 가능성이 있기 때문이다).

5. 여러 가지 명령들 - 계명에 가까운 명령들(16-31절)

1) 혼인 빙자 간음(16,17절, 신 22:28,29)

2) 무당(18절)

3) 수간하는 자(19절, 레 18:23)

4) 다른 신을 섬기는 자에 대한 사형 법(20절)

5) 학대 금지법(21-24절, 타국인, 과부, 아비 없는 아이)

6) 고리대금과 저당에 관한 법(25-27절)

7) 권위에 대한 순종, 첫 수확과 첫태생, 그리고 거룩함에 관한 명령(28-31절)

율법에 담긴 위대한 명령 III(23장)

1. 공정한 재판에 관한 명령(1-3절, 6-8절)

공정한 재판을 방해하는 요인을 세 가지로 분류하고 있다. **거짓 증거나 불의한 증인**에 의해 발생하는 경우(1,2절), 재판에서 법에 근거하지 않고, **인간적인 판단**에 근거할 경우(3,6절), 마지막으로 **외적인 요인(뇌물)**에 의해 공정한 재판이 왜곡되는 경우(8절)이다. 뇌물은 재판을 굽게 하고, 악인을 의롭다하며 무죄한 피를 흘리게 한다(7절).

2. 호의에 관한 명령(4,5절, 9-12절)

호의를 베푸는 대상을 크게 세 부분으로 나누고 있다. 먼저 원수뿐만 아니라 그의 소유에 대해서도 자비를 베풀라고 하신다(4,5절). 또한 타국인을 압제하지 말라고 하신다(9절). 그리고 칠 년째 땅을 쉬게 하여 가난한 자와 들짐승들이 먹게 하고, 칠 일째 쉼으로써 종들과 짐승들도 쉬게 하라고 명하신다(10-12절). 이것은 **사랑이 율법의 완성(롬 13:10)**임을 보여 주고 있다(안식일에 선을 행함,

마 12:11,12).

3. 주님만을 섬기고 따르라(13-33절)

1) 다른 신들의 이름조차 언급하지 말라(13절).

2) 연중 세 번의 명절(무교절, 추수절, 수확절)을 지키라(14-19절).

3) 약속의 땅으로 인도하시는 주 하나님의 명령에 복종하고 그 땅의 어떤 이방 신들과 더불어 언약을 맺지 말라(20-33절).

출애굽기 21-23장이 주는 영적 교훈

출애굽기 20장에서 이스라엘에게 주신 십계명은 하나님을 첫째로 사랑하고, 네 이웃을 네 자신과 같이 사랑하라는 계명으로 요약된다(눅 10:27, 롬 13:9).

그런데 고의든 실수든 자기 이웃에게 해를 끼친 경우에는 반드시 그 손실을 끼친 자가 그 손실에 대해 갚도록 명하셨다. 이것은 죄로 인해 서로 간에 있게 되는 벽을 허물고, 교제를 회복하기 위해서 반드시 필요한 전제 조건이다. 그래서 하나님과 이스라엘 사이에서도 죄로 인해 끊어진 교제를 회복하기 위해서 각종 번제와 희생제 그리고 화목제와 속건제가 필요했던 것이다.

<u>그렇다면 이 시대의 죄인들은 무엇으로 하나님과의 교제를 회복할 수 있겠는가?</u> 오직 주 예수 그리스도의 십자가의 보혈을 통해서만 가능하다. 아울러 거듭난 성도들의 교제에 있어서도 죄는 하나님과 우리 사이를 가로막는 벽이 되기에 늘 주의해야 한다.

언약의 책과 백성들의 경배(24장)

모세는 시내 산을 총 일곱 번 오르는데(출 19:3,8,20; 20:21; 24:15; 32:31; 34:4), 그중 네 번째로 하나님께 올라가서 받은 명령들을 출애굽기 21-23장에 기록하고 있다. 이제 모세는 산에서 내려와 이스라엘에게 그 모든 말씀들과 모든 명령들을 가르쳐 알게 할 뿐 아니라, 그것을 『**언약의 책**』으로 기록하고 있다(24:3).

1. 언약의 책과 피로 맺은 언약 : 산 아래(3-8절)

모세는 시내 산에서 받은 명령들을 이제 산 아래에서 기록하고 제단을 쌓고 열두 기둥을 세운다. 그리고 소를 잡아 그 피를 뿌리고(히 9:18-20) 하나님께서 그들과 세우신 언약을 선포한다.

이에 이스라엘 백성들은 하나님의 명령에 대해 "말씀하신 모든 것을 지켜 행하겠다."고 호언장담한다(출 19:8; 24:3; 24:7). 하지만 여호수아(수 24:21)와 사무엘(삼상 8:19,20) 앞에서만 호언장담했을 뿐 실상 그들은 말씀을 지켜 행하는 데 여지없이 실패하고 만다(마 26:41).

이러한 이스라엘의 완고함을 미리 아신 하나님께서는 출애굽기 25장부터 레위기에 이르기까지 성막과 제사에 관해 명령들을 주심으로써 "죄의 용서를 위한 길"을 마련해 놓으신 것이다.

하지만 히브리서에서 언급된 것처럼 염소와 송아지의 피로써는 결코 죄가 제거되지 않았기에, 반복적으로 죄를 위한 짐승의 피가 요구되었다. 예수 그리스도께서 친히 우리를 위한 희생제물이 되시어 단번 속죄를 이루어 주신 것은 놀라운 하나님의 계획이며 은혜이다(히 9,10장).

2. 하나님 앞에서 먹고 마시더라 : 산 중간(9-11절)

모세와 이스라엘의 지도자들이 산으로 올라가(9절) 하나님 앞에서 먹고 마신다. 하지만 이것도 잠시 뿐, 하나님 앞에서 먹고 마시며 기뻐한지 얼마 지나지도 않아 아론은 이스라엘을 위해 송아지 형상을 세우고 그 앞에서 먹고 마시면서 하나님의 명령을 거역하는 죄를 저지르고 만다(출 32:6, 고전 10:7).

육신으로 오신 하나님(예수 그리스도)께서 이스라엘을 구원하시러 이 땅에 오셔서 세리들과 죄인들과 함께 먹고 마셨지만, 바리새인들과 율법사들은 율법을 자랑하며 주님을 비아냥거렸다(막 2:16). 비록 이스라엘의 완고함으로 인해 복음의 경륜이 이방인에게로 넘어왔지만, 그들은 대환란을 거쳐 민족적으로 회복된 이후 천년왕국에서 다시 하나님 앞에서 먹고 마시게 될 것이다(눅 22:30).

3. 모세가 산에서 사십 일 낮과 사십 일 밤을 지내더라 : 산 위(12-18절)

이제 모세는 하나님과 가장 가까운 위치인 산 위로 올라가 사십 일 낮과 사십 일 밤을 보내며 규례들과 계명들을 받는다(cf, 출 34:4, 시내 산에서의 두 번째 40일 낮과 밤). 주의 명령들을 지키겠다고 하던 그들은 송아지 형상 앞에서 먹고 마시며 반역하게 된다. 또한 명령하신 성막을 세우고 인도하심을 따라 약속의 땅으로 가는 여정에서도, 그들은 지속적인 반역으로 인해 수없이 죽어나간다(민수기). 그리고 요단 이편에서 다시 한번 모세는 하나님의 명령을 따를 것을 당부하며, 자신의 여생을 마감하게 된다(신명기).

■ 새롭게 깨달았거나 적용할 내용이 있다면 적어 보세요. ■

MEMO

제2과 복습문제

1. 하나님께서 이스라엘 백성과 맺으신 언약, 즉 모세의 언약은 (   )과 (   )가 전제된 언약이다.

2. 『이제 율법이 말하는 것은 무엇이나 율법 아래 있는 사람들에게 말하는 것인 줄 우리가 아노니 이는 모든 입을 막고 온 세상이 하나님 앞에 죄가 있게 하려 함이니라. 그러므로 율법의 행위로는 그분 앞에 의롭게 될 육체가 없나니 이는 율법을 통해서는 (   )이 있음이니라』(롬 3:19,20).

3. 『너는 네 (   )을 다하고 (   )을 다하고, (   )을 다하여 주 너의 하나님을 사랑하라. 이것이 첫째며 큰 계명이니라』(마 22:37,38).

4. 모세는 시내 산을 총 (   ) 번 오르게 되는데(출 19:3,8,20; 20:21; 24:15; 32:31; 34:4), 출애굽기 21-23장은 그중 (   ) 번째로 하나님께 올라가서 받은 명령들을 기록하고 있다.

MEMO

■ 새롭게 깨달았거나 적용할 내용이 있다면 적어 보세요. ■

NOTES

NOTES

제 3 과

금송아지 숭배와 두 번째 돌판

(31-34장)

『**주**께서 그의 앞을 지나시며 선포하시기를 "**주**로다. 자비롭고, 은혜로우며, 오래 참고, 선함과 진리가 풍성한 **주** 하나님이로다』(출 34:6).

이스라엘과 맺으신 안식일의 표적(31장)

1. 브살르엘을 하나님의 영으로 충만케 하여 성막을 만들게 하셨다(1-11절).

2. 주님은 이스라엘과 맺으신 안식일의 표적에 관하여 설명하셨다(12-17절).

> 『너희는 나의 안식일들을 참으로 지킬지니 이는 그것이 너희 대대에 걸쳐 나와 너희 사이에 표적임이라. 이로써 내가 너희를 거룩케 하는 **주**임을 너희로 알게 하려는 것이라』(13절).

이 구절은 안식교도들이 "에스겔 20장"(12,20절)과 더불어 사용하는 전형적인 구절이다. 그러나 주님은 이 구절에서 "너희," 즉 "이스라엘"에게 주님의 안식일을 지키라고 말씀하셨고, 그것이 "이스라엘 대대에 걸쳐" 주님과 이스라엘 사이에 표적이라고 말씀하셨다. 16절에서는 "이스라엘 자손"에게 안식일을 지키라고 말씀하며, 17절에서도 안식일이 주님과 이스라엘 자손 사이에 영원한 표적이 될 것이라고 말씀한다.

<u>성경의 같은 장에서 세 번씩이나 안식일이 주님과 이스라엘 사이의 표적이라고 말씀한다면, 이에 대해 다른 것을 말할 이유가 전혀 없다</u>. 그런데도 안식교도들은 여기에 나오는 "이스라엘"이 "그리스도의 몸"이라고 억지를 부리면서 신약의 그리스도인들이 안식일을 지켜야 한다고 주장한다.

> 『그것이 나와 이스라엘 자손 사이에 영원히 표적이 되리라. 이는 엿새 동안에 **주**께서 하늘과 땅을 지으시고 일곱째 날에는 쉬시어 숨을 돌리셨음이라』(17절).

17절에서 하나님께서는 출애굽기에서 "창세기 2:1-3"로 되돌아가시어 자신에 대해 언급하신다. **『하나님께서 일곱째 날을 복 주시고 그것을 거룩하게 하셨으니, 이는 그 날에 하나님께서 창조하시고 지으신 그의 모든 일로부터 쉬셨음이라』**(창 2:3). 17절에서 창세기 2:1-3의 일을 언급하신 것이 창세기 2:1-3에서 "안식일"을 계시하시거나 제정하셨다는 의미는 아니다. 안식일의 근거가 일곱째 날에 하나님께서 쉬신 것이라는 뜻이지, 창세기 2장에서 안식일이 제정되었다는 뜻이 아니다. **안식일은 B.C. 1490-1600년경에 살았던 "모세"에게 계시되었다.**

"안식일을 범한 자에게는 사형"이 내려졌는데(**『그 날을 더럽히는 자는 모두 반드시 죽일지니라』**, 14절), 안식교도들은 안식일을 범해도 죽지 않는다. **『너희는 안식일 날에 너희의 온 처소에서 불을 피우지 말지니라』**(출 35:3). 안식교도들은 "그들의 안식일"에 밥을 먹기 위해 "가스 불"을 켤 것이다. 그래도 그들은 죽지 않는다. 안식교도들의 "하나님"은 자신의 말에 권위가 없으며, 안식교도들은 성경에서 벗어난 매우 희한한 종교를 가지고 있는 것이다.

『엿새 동안은 일할 것이나 일곱째 날은 주께 거룩히 쉬는 안식일이니, 안식일 날에 일하는 자는 누구라도 반드시 죽일지니라』(15절). 15절에 언급된 **『쉬는 안식일』**은 정기적으로 돌아오는 일곱째 날을 말하는 것으로 보통 "안식일"이라고 부르는 날이다.

『쉬는 안식일』과 13절의 **『나의 안식일들』**은 구분이 되는데, "나의 안식일들"에는 여러 다른 날들이 오게 된다[요 19:31 - "큰 날"이라고 불리는 특별한 안식일. 유월절(무교절)이 주중에 끼면 토요일이 아니더라도 그 날을 안식일로 지키기도 했음].

3. 시내 산에서 모세와 이야기를 마치시고 모세에게 두 증거판인 돌판을 주셨다(18절).

시내 산 아래에서의 배교- 금송아지 사건(32장)

1. 모세가 시내 산에서 내려오는 것이 지체되자 이스라엘이 다른 신들을 구하고, 아론은 배교를 주도했다(1-6절).

> 『그가 그들의 손에서 그것들을 받아서 주조한 송아지를 만든 후에 새기는 도구로 모양을 만드니 그들이 말하기를 "오 이스라엘아, 이것들이 너를 이집트 땅에서 데리고 나온 너의 신들이라." 하더라』(4절).

『**주조한 송아지**』(4절)는 틀에 부어 만든 후 새기는 도구로 모양을 만들었다. 시내 산에서 두 돌판에 기록하신 계명들 중 첫 두 계명을 산 아래서 범하고 있었던 것이다(20:2-5, cf. 34:17).

"오 이스라엘아, 이것들이 너를 이집트 땅에서 데리고 나온 너의 신들이라." 고 말한 것은 "그들," 즉 백성들이었다. 아론은 단지 『**내일은 주께 명절이니라.**』(5절)고만 말했다. 제사장이라면 참되신 하나님을 알고 있다. 그러나 여기에 나오는 제사장은 이교도들의 형상에게 제사하고자 하는 경배를 허용하고 만다. 바로 이 시점에서 하나님께서는 아론에 대해 대단히 진노하셔서 그 자리에서 죽이려고 하셨지만(32:7-10), "같은 시각에 드린 모세의 중보기도"로 죽음을 면하게 된다(신 9:20). 모세가 중보하지 않았다면(32:11-13), 이 무리는 모세가 진 중으로 돌아오기 전에 멸망할 수밖에 없었을 것이다.

그리스도 예수께서는 하나님과 사람 사이에 중보자이시다(딤전 2:5). 예수님은 또한 하나님의 오른편에 계셔서 우리를 위하여 중보하신다(롬 8:34). 성령님께서는 우리 안에서 중보하신다(롬 8:26,27). 우리에게는 모든 사람을 위해 중보하라는 명령이 주어졌다(딤전 2:1). 중보는 누군가를 대신하여 기도하는 것이다.

기도가 응답되지 않는 성도들을 위해 기도할 수 있고, 어떤 기도가 필요한지를 모르는 사람을 위해서 기도할 수 있다. 특히 자신에게 구원이 필요한지 모르는 죄인들을 위해 중보해야 한다. 『**그러므로 내가 무엇보다도 먼저 권하노니, 모든 사람을 위하여 간구와 기도와 중보와 감사를 하되… 하나님께서는 모든 사람이 구원을 받고 진리의 지식에 이르기를 원하시느니라**』(딤전 2:1,4).

2. 부패한 백성을 진멸시키려 하시는 주님을 모세가 중보기도로 막아서자 주님께서 진노에서 돌이키셨다(7-14절).

> 『주께서 모세에게 말씀하시기를 "가라, 너는 내려가라. 이는 네가 이집트 땅에서 데리고 나온 네 백성이 부패하였음이라』(7절).

하나님께서는 모세에게 이스라엘 백성을 모세의 백성(『**네가 이집트 땅에서 데리고 나온 네 백성**』)이라고 말씀하심으로 비아냥거리신다. 하나님께서 자신의 백성을 포기하신 것이다!

주님은 출애굽기 9장에서 이스라엘을 "내 백성"이라고 다섯 번 말씀하셨다. 출애굽기 15:13에서는 이스라엘을 데리고 나온 것이 모세가 아니라 하나님이라고 명백하게 말씀하셨다. 모세는 이 사실을 11,12절에서 하나님께 상기시켜 드린다. 『**주여, 주께서 위대하신 능력과 능하신 손으로 이집트 땅에서 데리고 나오신 주의 백성에 대하여 어찌하여 주의 분노가 맹렬하시나이까?**』(11절) 『**주의 백성을 향한 이 재앙에서 마음을 돌리소서**』(12절).

> 『또 **주**께서 모세에게 말씀하시기를 "내가 이 백성들을 보았더니, 보라, 목이 곧은 백성이로다. 그러므로 이제 나대로 하게 하

> 라. 그들에 대한 내 진노가 맹렬해져 나로 그들을 진멸하게 하라. 내가 너로 큰 민족이 되게 하리라." 하시니』(9,10절).

하나님께서는 이스라엘 백성을 진멸하시기로 마음을 굳히셨다. 그러나 모세는 옛 성도들이 했듯이 바닥에 엎드려 기도한다. 모세의 효과적이고 열렬한 기도로 하나님께서 역사하신다(약 5장). 모세의 중보기도로 2백만 명이나 되는 민족이 한순간에 멸망당하는 것에서 구제된 것이다. 모세는 "하나님께서 하신 약속"을 상기시켜 드림으로써 하나님을 이길 수 있었다. 하나님의 신실하심에 호소한 것이다(13절 - **『주께서는 스스로 맹세하여 그들에게 말씀하시기를』**).

모세의 기도를 통해 알 수 있는 것은 하나님께서는 사람을 존중해 주신다는 것이다. 그러나 모세의 경우가 다가 아니다. 주 예수 그리스도께서는 사람의 뜻에 자신을 맡기시기도 하셨다. **『그리하여 그는 사람들이 요구한 대로 난동과 살인으로 인하여 감옥에 갇힌 그 자를 그들에게 내어주고 예수를 그들의 의도대로 하라고 넘겨주더라』**(눅 23:25). 마리아는 육신으로 나타나신 하나님의 아들을 하나님의 자비 가운데 청년이 될 때까지 보살폈다. 이것은 인간으로서는 도저히 측량할 수 없는 부분이다. 이성을 가지고서는 헤아릴 수 없기에 디모데전서 3:16에서는 "경건의 신비"라고 부른다. 하나님께서는 먹을 음식과 입을 옷과 몸의 청결을 한 유대인 여인에게 의존하셨던 것이다!

> 『어찌하여 이집트인들로 말하여 이르기를 '주가 그들에게 악을 가져와서 그들을 산에서 죽이고 지면에서 진멸하려고 데리고 나왔도다.' 하게 하시나이까?』(12절)

모세가 기도했던 내용의 두 번째 핵심은 하나님께 "그분의 대적들"을 생각나게 해 드린 것이다. 주님은 "대적의 비웃음"을 사는 것을 원치 않으셨을 것이다. 주님은 이 점을 가장 싫어하신다(cf. 신 32:27). 『**주께서 주의 백성에게 행하려고 계획하신 그 재앙에서 돌이키시니라**』(14절).

금송아지 사건은 창세기 3:15에서 약속된 "여자의 씨"께서 오시는 길을 막으려는 마귀의 계략이었다. 하나님께서 홀이 유다로부터 나올 것이라고 말씀하셨기 때문에(창 49:10), 출애굽기 32장의 시점에서 모두 죽이신다면 레위 지파 하나만 남게 되는 것이다!(출 32:26)

3. 십계명의 돌판을 든 모세와 함께 산에서 내려오던 여호수아는 진영에서 나는 노랫소리를 전쟁의 소리로 착각한다(15-18절).

4. 금송아지 앞에서 춤추는 백성을 본 모세는 격노한 나머지 십계명의 돌판을 깨뜨리고, 벌거벗은 백성을 살육케 한다(19-29절). 아론은 자신에게 전적으로 죄가 없다는 투의 변명을 한다(24절). 그러나 아론은 유죄였다(25,35절).

『모세가 돌아서서 산에서 내려왔는데 두 증거판이 그의 손에 있더라. 그 판은 양면에 기록되었으니 이쪽 면과 저쪽 면에 기록되어 있더라… 그가 진영에 가까이 오자 송아지와 그 춤추는 것을 본지라, 모세가 격노하여 자기 손에서 돌판을 던져 산 아래서 깨뜨리니라』(15,19절).

모세는 민족의 대배교를 보고서 격노하여 그만 돌판을 던져 깨뜨려 버리고 만다. 주님의 계명이 전혀 필요치 않을 정도로 극심한 우상 숭배에 빠져 버린 동족들에게 큰 실망과 분노를 느낀 것이다.

우리는 여기서 사람이 화가 났을 때 하나님의 말씀에 관하여 저지르기 쉬운 일을 보게 된다. 사람은 화가 나면 하나님의 말씀을 깨뜨리기(어기기) 쉬운 것이다. 『**화를 내되 죄는 짓지 말고 해가 지도록 분노를 품지 말며 마귀에게 틈**

을 주지 말라』(엡 4:26,27).

> 『그때에 모세가 진영 문에 서서 말하기를 "**주**의 편은 누구냐? 내게로 오라." 하니, 레위의 아들들 모두가 다 함께 그에게로 모이더라』(26절).

『주의 편은 누구냐?』는 말은 엘리야가 이스라엘에게 던졌던 질문이기도 하다(왕상 18:21 - 『**너희가 얼마나 더 두 의견 사이에서 지체하려느냐?**』, 하나님과 바알 사이에서). 이것은 여호수아가 이스라엘에게 던졌던 암시이기도 하다(수 24:19 - 『**너희가 주를 섬기지 못하리니 이는 그는 거룩한 하나님이시요, 그는 질투하는 하나님이시니 그가 너희 허물과 죄들을 용서하지 아니하실 것임이라**』). 이 말은 예수 그리스도께서도 말씀하신 바 신약에서 갈등을 초래했던 진리이기도 하다(마 6:24 - 『**아무도 두 주인을 섬길 수 없나니, 이는 그가 한 쪽을 미워하고 다른 쪽을 사랑하거나**』, 눅 16:13).

『**레위의 아들들 모두가 다 함께 그에게로 모이더라**』(26절). 이것은 지극히 자연스런 반응이다. 레위 지파는 모세의 친족이기 때문이다(출 2:1). 이들이 갑작스럽게 자원한 것을 통해 알 수 있는 것은, 비록 아론이 그 난장판의 "각하"이기는 했지만 모세의 친족인 레위 지파 자체는 "문화 교류"를 통해 "사회에 참여"하지 않았다는 것이다.

> 『그가 그들에게 말하기를 "이스라엘의 **주** 하나님께서 이같이 말씀하시느니라. '각 사람은 옆에 칼을 차고 이 문에서 저 문으로 진영을 두루 오가며 각 사람이 자기 형제를, 각 사람이 자기 친구를, 각 사람이 자기 이웃을 살해하라.'" 하니, 레위의 자손들이 모세의 말대로 하여, 그날에 백성 중에서 약 삼천 명이 쓰러지니라』(27,28절).

여기서 하나님의 섭리를 발견할 수 있다. 즉 똑같은 수를 사도행전 2장에서 발견하게 되는데(행 2:41), 이것은 성령께서 이 시대를 시작하신 시점이다. 말하자면 율법이 주어질 때에는 삼천 명이 죽었지만(롬 7:10,11), 사도행전 2장에서 "위로자"께서 오실 때에는 삼천 명이 새 생명을 받아 살아난 것이다(엡 2:1-5).

5. 모세가 백성을 위해 그들의 죄를 자백하고 중재하다(30-35절).

『모세가 **주**께로 돌아와서 말하기를 "오, 이 백성이 큰 죄를 지었고, 자기들에게 금으로 신들을 만들었나이다. 지금이라도 주께서 그들의 죄를 용서하시기를 원하나이다. 만일 그렇게 하지 않으시려거든 간구하오니 주께서 기록하신 주의 책에서 나를 지워 버리소서." 하니, **주**께서 모세에게 말씀하시기를 "나를 거역하여 죄를 지은 자는 누구라도 내가 그를 나의 책에서 지워 버리리라. 그러므로 이제 가서 내가 네게 말한 장소로 백성을 인도하라. 보라, 내 천사가 네 앞에 가리라. 그럼에도 내가 감찰하는 날에는 내가 그들의 죄에 대해 그들을 감찰하리라." 하시니라』(31-34절).

모세는 자신이 백성들 대신 저주를 받겠다고 나선다(32절, cf. 롬 9:1,2). 이스라엘이 죄를 용서받는 길이 그것뿐이라면 자신이 이스라엘의 입장에서 저주받겠다는 것이다. 이 점은 죄인들을 대신해서 "저주"가 되신 예수 그리스도의 모습을 보여 준다(갈 3:13).

『**주께서 기록하신 주의 책**』(32절), 곧 『**나의 책**』(33절)은 하나님께서 손수 기록하신 초자연적인 책이다(단 12:1). 빌립보서 4:3은 신약 성도들의 이름이 기록된 책을 『**생명의 책**』이라고 부르는데, 그 책에는 요한계시록 3:5의 "이기는 자"의 이름 또한 기록될 것이다. 같은 생명의 책에 기록되더라도 신약 그리스도인들의 이름은 결코 지워지지 않는 반면, 다른 시대의 사람들은 이름이 기록되었다가도 지워질 수 있다.

주님께서는 모세가 지정된 장소로 백성을 인도할 때 주의 천사가 앞에 가실 것이라고 말씀하셨다. **『보라, 내 천사가 네 앞에 가리라』**(34절). 이에 대한 참조 구절은 출애굽기 23:20-23; 33:2,14, 이사야 63:9이며, 여호수아 5:14에서 그 천사는 성육신 이전의 예수 그리스도(주의 천사)이심이 드러난다.

주의 임재가 함께 가 주시기를 간구하는 모세(33장)

1. 주님께서 모세에게 백성을 이끌고 시내 산을 떠나 아브라함에게 약속하신 땅으로 가라고 하셨다(1-3절).

2. 백성들은 목이 굳은 그들을 주님께서 진멸하실 수 있다는 소식을 듣고 두려워했고(3-5절), "다른 성막"을 향해 경배했다(6-11절).

> 『모세가 성막을 가져다가 진영 밖, 진영에서 멀리 떨어진 곳에 치고, 그것을 회중의 성막이라고 부르니, **주**를 찾는 모든 자가 진영 밖에 있는 회중의 성막으로 나아가더라』(7절).

이곳의 성막은 하나님께서 출애굽기 25-29장에서 지시하셨던 성막이 세워지기 전에 있었던 모종의 구조물이다(출 24:4; 33:7-11; 34:34).

3. 모세는 네 가운데 올라가지 않으리라고 하신(3절) 주님께 이 민족을 주의 백성으로 생각하시어 주의 임재가 함께 가 주실 것을 간구했고 주님은 그

일을 허락하셨다(12-17절).

4. 모세는 주의 영광을 보여 달라고 했고, 주님은 모세가 주님의 뒷부분은 보아도 주님의 얼굴은 보지 못할 것이라고 하셨다(18-23절).

모세가 하나님의 모습을 보게 된 것은 오직 하나님의 은혜와 자비 때문이었다(19절). 이 은혜와 자비가 칼빈주의자들에 의해 오용되고 있지만(구원 예정론, 롬 9:15), 모세와 관련하여 그 구절은 전혀 "구원"과 관련이 없다. 다만 주의 모습을 보여 달라는 모세의 요청을 허락하신다는 면에서의 은혜와 자비일 뿐이다.

두 번째 돌판과 성막의 완공(34,40장)

1. 출애굽기 34장에서 주님께서는 모세에게 그가 깨뜨린 처음 돌판과 같은 돌판 둘을 깎으라고 명령하신다.

하늘과 땅이 없어지기 전에는 율법의 일점일획도 모든 것이 이루어질 때까지 결코 없어지지 아니하고, 또 성경은 폐기될 수 없기 때문에(요 10:35) 하나님께서는 깨진 돌판에 기록된 말씀들을 다시 적으려고 하시는 것이다. 『**네가 깨뜨렸던 처음 돌판에 있던 말들을 내가 이 돌판 위에다 쓰리라**』(1절).

2. 주께서 모세에게 자신의 뒷모습을 보이시면서 하신 말씀은 범법자가 결코 깨끗게 되지 않는다는 구약의 죄 용서의 한계를 보여 준다(7절, 히 10:4 vs. 히 9:12; 10:14).

3. 출애굽기 34:29에서 모세는 28절에서 기록하신 두 증거판을 손에 들고 시내 산에서 내려왔는데, 산에서 내려올 때 자기 얼굴 피부에서 빛이 나는 것을 알지 못했다.

백성들은 얼굴에서 빛이 나는 모세를 가까이하기를 두려워했으며, 모세는 아론과 회중의 지도자들을 불러 그들에게 말씀을 전하는 동안 자기 얼굴을 수건으로 가렸다(30-35절). 사도 바울은 이 사건을 "고린도후서 3:12-18"에서 다루고 있다. 모세가 썼던 수건은 이스라엘의 눈먼 상태를 보여 준다. 사도 바울은 모세가 쓴 그 수건을 이스라엘이 눈먼 것에 비유하고 있다. 모세의 얼굴에서 빛나던 구약의 영광은 이미 사라져 버렸는데도 불구하고, 그들은 모세의 얼굴을 덮은 수건 속에서 여전히 영광이 빛나고 있을 것이라고 착각하고 있는 것이다. 이 "영적" 수건은 유대인에게 눈가리개 역할을 하여, 그가 구약을 읽을 때 그리스도를 볼 수 없게 만드는 것이다. 『그렇지만 주께로 돌아서면 그 수건은 벗겨지리라』(고후 3:16). 유대인이 자기 의를 버리고 예수 그리스도를 구주로 신뢰하면, 바로 그때 "그들의 마음을 덮고 있던 수건"(15절)이 벗겨지고 성경을 통해서 예수 그리스도를 깨닫게 되어 주의 영광을 보게 된다. 즉 모세의 용모에서 나오는 영광은 사라졌지만(7절), 성경을 통해서 반사되는 주의 영광은 더 깊고 더 빛나므로 결국 우리를 주님과 똑같은 형상으로 변모되게 할 것이다.

4. 이후 출애굽기 40장에서 성막이 완공되자, 구름이 회중의 장막을 덮고 주의 영광이 성막을 가득 채운다.

모세는 아론과 그의 아들들을 거룩하게 하여 그들로 제사장의 직분을 수행하게 하려고 모세 자신이 그들을 물로 씻기고 기름을 붓는 "제사장" 역할을 한

다(12-15절). **이로써 모세는 제사장과 선지자(신 18:18)와 왕(신 33:5)으로서 예수 그리스도의 세 가지 직분을 예표하게 된다.**

구름이 성막 위에 있고 주의 영광이 성막을 가득 채우자 모세는 성막에 가득 찬 주의 영광으로 인해 성막에 들어가지 못한다(34,35절). **이스라엘 자손은 구름이 성막 위에서 걷힐 때만 이동할 수 있었다. 구름이 걷히지 않으면 구름이 걷히는 날까지 이동하지 않았다. 성도의 인생 여정은, 주님의 인도하심에 전적으로 따라야 한다.** 주님께서 멈추면 멈추고, 이동하시면 이동해야 한다. 낮에는 주의 구름이 성막 위에 있고 밤에는 불이 그 위에 있어 그들의 모든 여정을 통하여 이스라엘의 온 집 앞에 있었다(출 40:34-38). 주님께서는 광야의 여정과 같은 우리의 인생에 끝까지 동행해 주시는 분이시다(시 23:4).

■ 새롭게 깨달았거나 적용할 내용이 있다면 적어 보세요. ■

제3과 복습문제

1. 안식일은 하나님과 ( ) 사이의 영원한 표적이다.

2. 백성을 진멸하시려는 주님을 모세는 주님께서 하신 ( )에 호소함으로써 막을 수 있었다.

3. ( )이 주어질 때 삼천 명이 죽었지만(롬 7:10,11), ( )께서 오실 때에는 삼천 명이 새 생명을 받아 살아났다(행 2:41, 엡 2:1-5).

4. 모세와 백성을 인도할 천사는 ( ) 이전의 예수 그리스도로서, 주의 천사이시다.

5. 『주께서 그의 앞을 지나시며 선포하시기를 "주로다. ( )롭고, ( )로우며, 오래 ( ), ( )과 ( )가 풍성한 주 하나님이로다』(출 34:6).

MEMO

■ 새롭게 깨달았거나 적용할 내용이 있다면 적어 보세요. ■

NOTES

NOTES

제 4 과

하나님의 임재 장소인 성막

(25-31,35-40장)

『내가 그들 가운데 거할 성소를 나를 위하여 그들로 만들게 하라. 내가 너에게 보여 주는 모든 것대로 성막의 모양과 그 모든 기구들의 모양을 따라 너희는 그것을 만들지니라』(출 25:8,9).

성막(25-31,35-40장)

1. 성막이란 무엇인가?

➤ 성막은 구약에서 하나님께서 모세에게 제정해 주신 때부터 "하나님의 임재의 장소"였으며(25:8), 동시에 이스라엘 백성들을 하나님께로 모아 주는 중심 장소였다.

2. 성막 이후의 하나님의 임재 장소 변화

하나님의 임재의 장소 변천

광야의 성막(출 25:8)

⇩

솔로몬 성전(왕상 6:1-3)

⇩

예수 그리스도의 몸
(요 2:19-21, 골 2:9)

⇩

그리스도인들의 몸(고전 6:19,20)

1) 성막 이후의 하나님의 임재의 장소는 "성전"(왕상 6:1-3)이 된다.

2) 솔로몬의 성전 이후에는 "그리스도의 몸"이 하나님께서 거하시는 장소였다(요 2:19-21). 하나님의 모든 것은 그리스도의 몸 안에서 나타나게 되었다. 예수 그리스도께서는 하나님의 현현, 즉 하나님께서 육신을 입고 나타나신 분인 것이다(골 2:9).

3) 그러나 그리스도께서 죽음에서 부활하신 후에 하나님의 성전은 그리스도인들, 즉 성도들 각인의 몸이다. 『**또한, 너희 몸은 너희가 하나님으로부터 받은 바, 너희 안에 계신 성령의 전인 것을 알지 못하느냐? 너희는 너희 자신의 것이 아니니라. 너희는 값을 치르고 산 것이니**』(고전 6:19,20). 성막도, 성전도 더 이상 하나님의 임재의 장소가 아니다. 하나님께서는 이제 성도들 각인의 몸 안에서 거하신다.

3. 성막의 외관

4. 성막의 덮개들

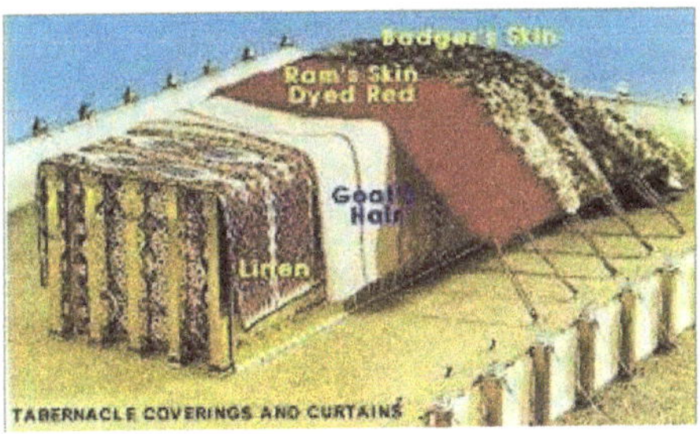

(밑에서부터) 베로 된 휘장 ➡ 염소 털 휘장 ➡ 붉게 물들인 숫양 가죽 ➡ 오소리 가죽

- 출애굽기 26:1 - 『또 너는 가늘게 꼰 베실과 청색, 자색, 주홍색 실로 된 휘장 열 개로 성막을 만들되 정교한 솜씨로 만든 그룹들로 그것들을 만들지니라.』
- 출애굽기 26:7 - 『너는 성막 위에 덮을 것으로는 염소털로 휘장을 만들되 열한 개의 휘장을 만들지니라.』
- 출애굽기 26:14 - 『너는 붉게 물들인 숫양의 가죽으로 장막 덮는 것을 만들고 오소리의 가죽으로 위에 덮는 것을 만들지니라.』

5. 성막의 구조

1) **안뜰** : 하나님께서는 모세에게 세마포로 안뜰을 만들라고 하셨다.

2) **놋제단(번제단)** : 안뜰 중앙에는 놋제단이 있다.

3) **놋대야(물대야)** : 놋제단 다음에는 물로 채워진 크고 둥근 대야가 있는데, 이것이 놋대야이다.

4) **성막** : 성막은 꼭대기에서 보면 들보가 세워진 천막처럼 보인다. 성막 안으로 들어가면 칸이 두 개가 있음을 알 수 있다.

성막의 뜰과 성막의 기구들

- **지성소**
  - 언약궤와 자비석
- **성소**
  - 금제단과 향로
  - 금촛대
  - 빵 차리는 상
- **뜰**
  - 물대야
  - 번제단

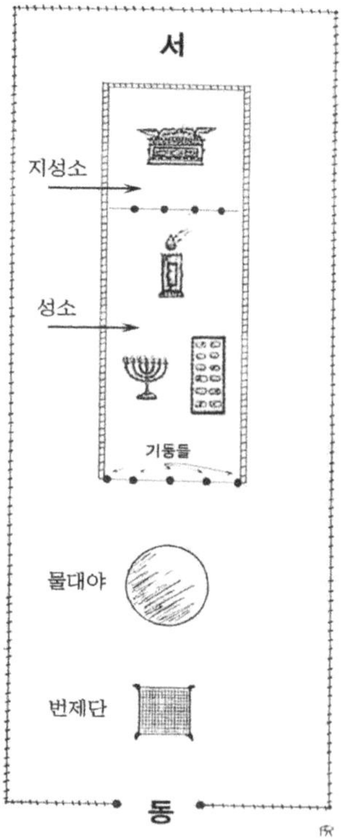

▸죄인이 하나님께 나아가는 방향은 **동**에서 **서**이다.

▸죄인이 처음 발견하는 것은 불이다.

▸다음으로 그가 보는 것은 희생제사로 드려진 어린 양이다.

5) 성소 : 성막의 첫 번째 칸을 성소라고 한다.

6) 지성소 : 성막의 성소 다음 칸(성막의 서쪽 칸)을 지성소라고 한다.

7) 촛대 : 성막 안으로 들어가면 성소 남단에 있는 촛대를 보게 된다.

8) **빵 차리는 상** : 성소 북쪽에는 한 무더기의 빵이 차려져 있는 상을 보게 된다. 빵들은 여섯 개씩 두 줄로 놓여 있다. 참으로 흥미로운 것은 이 빵의 수가 여섯(6) 개 더하기 여섯(6) 개, 즉 열두(12) 지파 각각에 해당하는 빵의 수라는 것이며, 또 육(6)이 두 개이므로 성경 66권과도 일치하는 수라는 것이다.

9) 향제단 : 성소의 서쪽에는 휘장 앞에 향제단이 있다.

10) 휘장 : 성소에서 지성소로 들어가는 길에는 통과할 수 없도록 크고 두꺼운 휘장이 가로막고 있다.

11) 언약궤 : 휘장 뒤에는 언약궤가 있으며, 언약궤 위에는 자비석이 놓여 있다.

4. 성막의 개별 기구들의 의미

1) 번제단

번제단 (놋제단)

불로 희생제를 드리는 "번제단"은(출 38:1) 놋제단이라고 불린다(출 38:30). "놋"은 성경에서 "심판"을 상징한다. 제단의 치수는 사방이 5큐빗이다. "5"라는 숫자는 죽음을 나타내는데, 매일 아침과 저녁마다 거기서 불타는 어린양을 볼 수 있었다. 유대인들이 하나님께 나아갈 때 가장 먼저 알아야 할 것은 "죄에 대한 형벌"이었다. "놋"(심판을 상징)으로 만들어진 번제단은 죄에 대한 하나님의 진노의 심판, 곧 지옥 불의 심판을 묘사한다. 번제단에서는 죄에 대해 진노하시는 하나님의 공의와, 그것을 대속하는 희생제물(예수 그리스도의 예표)을 볼 수 있는 것이다(요 19:28). 성막 안뜰로 들어가서 제일 먼저 보게 되는 하나님의 심판의 불은 이 세상의 거의 모든 종교들이 죄 문제를 잘못 다루고 있음을 보여 준다. 인류의 죄 문제는 하나님의 심판을 대신 받으신 『하나님의 어린양』(요 1:29)을 통해서만 해결될 수 있다. 『하나님의 어린양』을 통해 죄 문제를 해결해야만 지성소의 하나님께 나아갈 수 있는 것이다.

2) 물대야

놋제단을 지나 앞으로 가면 물대야를 보게 된다. 그것은 직경 3미터 정도 되는 굉장히 크고 우묵한 통이다. 거기에는 맨 아래로부터 물을 받을 수 있는 작은 꼭지

놋으로 된 물대야

들이 있고, 그 대야의 밑바닥에는 다리가 있다(출 38:8). 그 다리는 바닥으로 물이 흘러내리는 것을 받치고 있다. 놋대야의 크기가 얼마인지는 알 수가 없다. 놋대야가 물을 무한대로 담을 수 있다는 점은 "영원"한 것을 묘사한다. "영원"은 "치수"가 없다. 또한 물은 말씀을 상징하므로(엡 5:26), 치수가 없는 물대야의 물은 "영원한 말씀"을 상징한다(시 119:89, 벧전 1:23). 이와 같은 물대야는 성도의 정결한 삶을 의미한다. 즉 십자가의 보혈로 구원받은 성도는 말씀의 물로 매일 씻어야 한다는 점을 보여 준다. 『**이는 그가 교회를 말씀에 의한 물로 씻어 거룩하게 하시고 깨끗게 하사**』(엡 5:26). 구원 이후에 필요한 것은 "말씀의 거울"에 자신을 비춰 보고(약 1:23) "말씀의 물"로 씻는 것이다. 그래야만 죄로 인해 육신의 생명이 단명하지 않게 된다. 아론과 그의 아들들에게 하신 다음의 말씀이 그 예표가 된다. 『**그들이 회중의 성막에 들어갈 때, 그들이 물로 씻어야 죽지 않으리니... 그들의 손과 발을 씻으면 죽지 않으리니**』(출 30:20,21). 『**너희가 육신을 따라 살면 죽을 것이나**』(롬 8:13). 이와 관련하여 목욕한 사람은 발만 씻으면 된다는 예수님의 가르침을 생각해 볼 수 있다(요 13:10). 예수 그리스도의 피로 씻김을 받은 성도는 하나님 앞에서 깨끗한 사람이 되었지만, 세상에서 순례자의 길을 걷는 동안 죄의 먼지가 묻을 수 있다. 그 "더러워진 발"을 말씀의 물로 매일 씻어야 하는 것이다. 성막에는 마루가 없기에 제사장들이 그곳에 출입할 때마다 발이 더러워진다. 따라서 그들은 발을 계속 씻어야 했는데, 그렇게 하는 것이 피곤할 수도 있다. 바로 이것이 많은 그리스도인들이 죄를 자백하는 것과 성경을 읽는 것을 그만두는 이유다. 반복되는 죄로 주님께 되돌아가는 일을 피곤하게 여겨 죄를 씻는 것을 게을리 하는 것인데, 그러면 죄의 삯인 사망을 받아야 한다. 주님께로 돌아가 죄를 씻는 일을 피곤해 하지 말라.

3) 빵을 차려 놓은 상

문을 지나 안으로 들어서면 성소 우측에 빵을 차려 놓은 상이 보인다. 상의 각 모서리에 고리가 하나씩 있는데, 모서리의 고리들은 채를 넣기 위한 것이다. 상을 운반할 때 꿰어서 들고 다닐 수 있게 만든 것이다. 이렇듯 성막의 모든 가구들은 들고 다닐 수 있게 만들어졌다. 이것은 이 세상이 우리가 영원히 거주할 장소가 아니라는 것을 잘 보여 준다. 우리는 본향을 향해서 이동해야 하는 "순례자"요 "타국인"인 것이다(히 11:13). 우리에게 이 세상은 그저 스쳐 지나가는 곳일 뿐이다.

빵은 하나님의 말씀을 상징한다. 성막에서 매일 신선한 빵을 차려 놓듯이 우리도 날마다 신선하게 말씀을 가까이해야 한다. 성경은 성도의 일용할 영적 양식이다(cf. 마 6:11). 또한 열두 덩이의 빵은 이스라엘의 열두 지파에 해당된다. 이 말은 하나님께서 그들 모두를 먹이신다는 뜻이다. 하지만 이스라엘은 『**하나님이 광야에서 식탁을 마련하실 수 있겠느냐?**』(시 78:19)라고 불평했다. 광야에 차려진 성막의 상은 하나님께서 우리를 먹이시고 돌보신다는 것을 보여 준다. 하나님께서는 광야에서 이스라엘을 먹이셨다. 다윗은 『**주께서 내 원수들의 면전에서 내 앞에 식탁을 마련하시나이다.**』라고 했다(시 23:5). 하나님께서는 그분의 자녀를 돌보시고 먹이시는 분이신 것이다. 우리가 해야 할 일은, 삶에 필요한 모든 것을 위해 주님을 신뢰하는 것뿐이다.

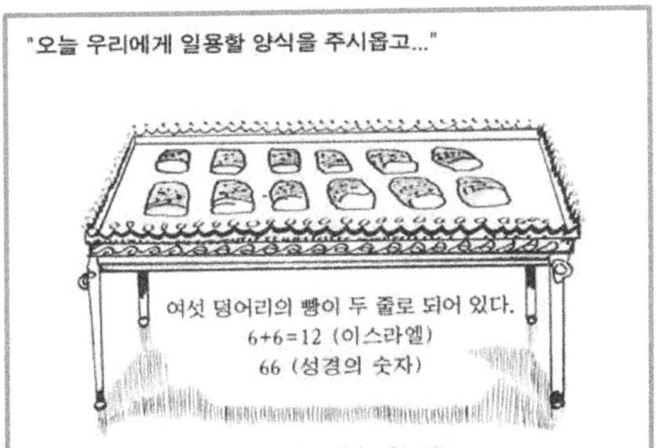

빵을 차려 놓은 상

4) <u>금촛대</u>

<u>성소로 들어가면 오른쪽에는 상과 빵이 있고, 왼쪽에 금으로 만든 촛대가 있다.</u> 금촛대에서는 빵을 차려 놓은 상을 향해 빛이 퍼져 나간다. 그것은 힘(power)을 보여 준다. 힘(power)이 없으면 빛이 나오지 않기 때문이다. <u>촛대의 목적은 불을 밝히는 것이다</u>. 이것은 성령님을 상징하는데, 한 줄기에서 양쪽으로 세 가지씩, 여섯 가지가 나와 일곱 개의 불을 밝히도록 만들어진 이 촛대는 하나님의 성령이 "일곱 영"이라는 사실을 보여 준다(계 3:1, 사 11:1,2). 그러므로 금촛대는 성령을 예표한다.

<u>성막에서 금촛대의 역할은 빵을 차려 놓은 상 맞은편에 있음으로써 빵을 밝히는 것이다</u>. 빵은 "하나님의 말씀"을 예표하기에(마 4:4), <u>금촛대가 예표하는 성령님께서 빵이 예표하는 말씀을 조명해 주신다는 사실을 알 수 있다</u>. 말씀에 빛을 비추어 깨닫게 해 주는 것은, 헬라어나 히브리어 같은 원어도 아니고, 최초의 원본이나 오래된 필사본도 아니며, 새로운 역본들도 아니고, 잘 해석해 놓은 신학 체계도 아니며, 오직 "성령님"이시다. <u>성막의 촛불은 계속 켜져 있어야 하며 절대로 꺼져서는 안 된다</u>. **『그 불은 제단 위에서 항상 타게 해서 결코 꺼지지 않게 할지니라』**(레 6:13). **『이스라엘 자손에게 명령하여 등불을 위해 찧어 낸 순수한 올리브 기름을 네게로 가져오게 하여 계속해서 등들에 불을 켤지니라』**(레 24:2). <u>제사장은 그것을 언제라도 쓸 수 있도록 준비해야 하므로 그 불꽃이 절대로 꺼지지 않게 해야 한다. 이 점은 성령님께서 우리와 영원히 함께 계신</u>

금 촛 대

다는 사실을 예표한다(요 14:16). 우리는 우리와 영원히 함께하시는 성령님의 조명을 받아 언제나 말씀을 깨닫는 삶을 살아야 한다. 그러기 위해서 성령님을 슬프게 하지 말아야 한다. 『**하나님의 거룩한 영을 슬프게 하지 말라. 너희가 그로 인해 구속의 날까지 인치심을 받았느니라**』(엡 4:30).

5) 금향단

성소에서 그다음으로 발견할 수 있는 것은 **휘장 앞에 놓인 금향단이다.** 번제단은 놋으로 만들어진 반면, 향제단은 금으로 만들어졌다. **금향단과 관련하여, 성소에서 피워지는 향은 성도의 기도를 상징한다.** 침례인 요한의 아버지 사카랴가 "향을 피우는 일"에 뽑혔을 때 『**향을 피우는 그 시간에 온 백성의 무리가 밖에서 기도하고 있**』었다(눅 1:9,10). 다윗은 『**내 기도가 주 앞에 향처럼 놓이게 하시며**』(시 141:2)라고 했다. 요한계시록 8:4에서는 성도들의 기도가 향과 함께 하나님 앞으로 올라간다. 이처럼 향제단은 하나님 앞에 이르는 성도들의 기도를 나타내는 것이다. 성도의 올바른 기도는 하나님께서 흠향하신다.

향제단의 불은 놋제단에서 가져와야 했다(레 9:24, cf. 레 10장, 나답과 아비후). 이 점은 성도의 기도가 갈보리의 십자가의 보혈과 관련되어야 함을 보여준다. 십자가의 보혈에 근거하지 않는 종교적 기도는 주님께 받아들여지지 않는다. 향제단에 불로 피워야 할 향은 "약제사의 기술에 따라"(출 30:35) 제조되어야 하는 아주 특별한 향이었으며, 그것과 같은 것을 자신을 위해 만

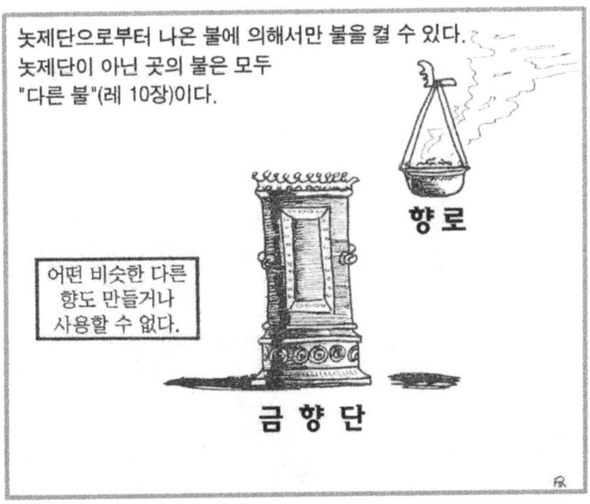

드는 자는 이스라엘 백성에서 끊어졌다(출 30:38). 또한 주님께서 지시하신 향을 지시하신 방법대로 만들어, 지시하신 목적을 위해 사용하지 않는 자는 죽임을 당했는데, 이 점은 (성막이 아닌 개인을 위해 향을 만들 듯) 자신만을 위해 이기적으로 드리는 기도는 주님께 받아들여지지 않는다는 것을 보여 준다. 참으로 다행스러운 일은, 지금 이 시대에 하나님께서는 그분의 관점과 다른 관점으로 기도하는 그리스도인들을 죽이시지 않는다는 사실이다. 주님의 뜻대로 기도하지 않는 사람마다 죽어야 된다고 생각해 보라. 하나님께서 그렇게 하시지 않는 것이 얼마나 다행한 일인가?

6) 휘장

휘장은 성소와 지성소를 분리하고 있던 두꺼운 막이다. **『너는 청색, 자색, 주홍색 실과 정교한 솜씨로 가늘게 꼰 베실로 휘장을 만들되, 그것을 그룹들과 더불어 만들지니라』**(출 26:31). 하지만 예수님께서 죽으실 때 성소와 지성소를 가로막는 휘장이 찢어졌다(마 27:50,51). 휘장이 찢어짐으로써 이전까지는 일 년에 한 번 대속죄일에만 대제사장이 혼자 들어갈 수 있었던 지성소에 누구나 들어갈 수 있는 길이 활짝 열리게 된 것이다. 따라서 찢겨진 휘장은 우리가 셋째 하늘 지성소에 계신 하나님께로 직접 나아갈 수 있도록 찢겨진 예수 그리스도의 몸을 상징한다. **『그러므로 형제들아, 우리가 예수의 피로 인하여 담대하게 지성소에 들어가나니, 그가 우리를 위해 바치신 새롭고 살아 있는 길로 휘장, 곧 그의 육체를 통하여 들어가느니라』**(히 10:19,20). 예수 그리스도의 몸은 우리를 위해

찢겨지셨고, 그 피 흘리심으로 인해 우리가 지성소로 들어갈 수 있는 길이 활짝 열리게 된 것이다.

7) 지성소

지성소는 성막에서 하나님께서 실제적으로 임재하시던 장소다. 둘째 성막이라 불리는 이곳은 대제사장이 일 년에 한 번 들어가는 곳이었다(대속죄일, 히 9:7). 주님께서는 그곳 지성소의 자비석 위에 계시겠다고 말씀하셨고, 자비석은 언약궤 위 그룹들 사이에 놓여 있었다. 그래서 주님께서는 "**그룹들 사이에 거하시는 분**"이라 불리셨다(삼상 4:4, 왕하 19:15, 시 80:1; 99:1, 사 37:16). 지성소는 하나님께서 임재하시는 곳이고, 그래서 광야의 지성소는 하늘 보좌의 그림자이다. 언약궤 역시 다른 모든 기구들처럼 고리들이 있어 이동할 수 있게 되어 있다.

주목할 만한 것은 자비석이 바깥 뜰의 놋제단 망과 "같은 높이"로 되어 있었다는 사실이다(출 37:1; 27:1,5). 바깥 뜰에 있는 놋제단의 석쇠에서 성막 쪽을 향해 일직선을 그어 볼 경우, 휘장이 열려 있다면 석쇠 위의 불타고 있는 양을 통과하여 "같은 높이"에서 하나님의 임재를 볼 수 있을 것이다. 이것은 번제물로 드려진 양을 통하지 않고서는 하나님의 임재를 볼 수 없다는 뜻이다. 예수 그리스도께서 『**나로 말미암지 않고는 아버지께 올 사람이 아무도 없느니라.**』(요 14:6)라고 하신 말씀과 정확하게 일치한다.

이 상자처럼 생긴 "궤" 안에는 돌판(십계명)과 아론의 싹 난 지팡이, 그리고 만나가 담긴 작은 항아리가 있다.

언약궤와 자비석

하나님께서 성막을 만들라고 명령하시고 그에 대한 지침을 주셨을 때 가장 먼저 지시하신 것은 언약궤였다. 이러한 사실은 우리가 하나님께 가까이 가려면 하나님의 편에서 먼저 그 일을 시작해야 한다는 것을 보여 준다. 하나님을 만나기 위해서는 하나님께서 반드시 우리 앞에서 일을 시작하셔야 한다. 모든 것은 하나님께서 우선시되어야 하시고, 하나님의 뜻에 맞게 이루어져야 한다. 『여기에 사랑이 있으니, 우리가 하나님을 사랑한 것이 아니요 그분이 우리를 사랑하시고 그의 아들을 우리 죄들을 위하여 화목제물로 보내신 것이라... 우리가 그분을 사랑하는 것은 그분께서 먼저 우리를 사랑하셨음이라』(요일 4:10,19).

언약궤는 "싯딤나무"로 만든 것에 "금"을 입혔는데, 이것은 물과 피로 오신 주님의 이중적 본성을 나타낸다. 즉 인간으로서의 본성과 하나님으로서의 본성을 나타낸다(딤전 3:16, 하나님의 피, 행 20:28). 『예수께서 하나님의 아들이심을 믿는 자 외에 세상을 이기는 자가 누구냐? 이분은 물과 피로 오신 분, 곧 예수 그리스도시라. 물로만이 아니라 물과 피로니라. 증거하시는 이는 성령이시니, 성령은 진리이시기 때문이라』(요일 5:5,6).

지성소에는 촛불이 전혀 없지만 결코 칠흑같이 어둡지 않다. 왜냐하면 지성소 안에 계신 하나님께서 빛이시기 때문이다! 『그러므로 우리가 그에 관하여 듣고 너희에게 전하는 말이 이것이니, 곧 하나님은 빛이시요, 그분 안에는 어두움이 전혀 없다는 것이라』(요일 1:5).

제사장은 매년 지성소에 들어가서 피를 뿌리지만 지성소는 피로 더럽혀져 있지 않다. 대제사장이 다음 해에 다시 들어가 보면 거기에는 지난해에 뿌려졌던 핏자국이 없다. 지성소에 피가 없고 깨끗한 이유는 무엇인가? 자비석에 뿌려진 피를 하나님께서 친히 정결케 하신 것이다. 대제사장이 피를 뿌리고 나가자마자 하나님의 영광스러운 빛이 그 피를 깨끗이 닦은 것이다! 『이제 오라, 우리가 서로 변론하자. 주가 말하노니, 너희 죄들이 주홍 같을지라도 눈같이 희게 될 것이요, 진홍처럼 붉을지라도 양털같이 되리라』(사 1:18). 피는 더럽히지 않고 정결케 한다. 정결케 하는 피가 지성소를 더럽힐 리 없다. 예수 그리스도의 피는 우리의 양심까지도 정결케 한다(히 9:14). 『그의 아들 예수 그리스도의 피가 우리를 모든 죄에서 깨끗하게 하시느니라』(요일 1:7).

대제사장은 해마다 지성소에 들어갈 때 두려움에 사로잡혔다. 피를 취해서 자비석에 뿌리고는 물러서서 절하고 나와서 "걸음아 날 살려라" 하고 달아나곤 했다. 그러나 지금은 하나님의 임재가 있는 지성소에 나아가는 일에 아무도 두려워할 필요가 없다. 왜냐하면 그 일에 관한 모든 것이 예수 그리스도에 의해 이미 완전히 처리되었기 때문이다. 『이 분은 한 번의 속죄제를 영원히 드린 후, 하나님의 오른편에 앉으셔서』(히 10:12). 참고로 성막에는 앉을 곳이 없었다. 의자와 같이 휴식을 취할 수 있는 장소가 없었다. 제사장들은 피곤해도 앉지 못하고 계속 서서 섬겨야 했다(히 10:11). 계속 서서 섬긴 이유는, 구약의 어떤 제사로도 온전케 할 수 없었기 때문이다. 그러나 마침내 한 위대하신 제사장께서 성막에 들어가서 일을 마치시고 앉으셨다. 그분은 우리의 대제사장이신 주 예수 그리스도이시다. 『친히 우리의 죄들을 정결케 하시고, 높은 곳에 계신 위엄 있는 분의 오른편에 앉으셨으니』(히 1:3).

예수 그리스도께서 숨을 거두셨을 때 휘장은 둘로 찢어졌고, 지성소가 모습을 드러냈다. 『예수께서 다시 큰 음성으로 소리지르신 후, 숨을 거두시더라. 그런데, 보라, 성전의 휘장이 위에서 아래까지 둘로 찢어지고 땅이 흔들리며, 바위들이 갈라지고』(마 27:50,51). 이렇게 됨으로써 어떤 그리스도인이라도 하나님의 임재 앞에 담대히 나아갈 수 있는 "새롭고 살아 있는 길"이 열리게 된 것이다! 『그러므로 형제들아, 우리가 예수의 피로 인하여 담대하게 지성소에 들어가나니, 그가 우리를 위해 바치신 새롭고 살아 있는 길로 휘장, 곧 그의 육체를 통하여 들어가느니라』(히 10:19,20). 『그러므로 우리가 은혜의 보좌로 담대히 나아가자. 이는 우리가 자비를 얻고 필요한 때에 도우시는 은혜를 발견하기 위함이라』(히 4:16).

제4과 복습문제

1. 성막은 구약에서 하나님께서 모세에게 제정해 주신 때부터 "하나님의 (　　　　)의 장소"였다.

2. 그리스도께서 죽음에서 부활하신 후, 하나님의 성전은 그리스도인 각인의 (　　　)이다.

3. 성막에 들어서자마자 만나는 번제단은 (　　　)에 대한 형벌을 연상케 했다.

4. 성막의 물대야는 성도의 (　　　　　) 삶을 의미한다.

5. 빵을 차려놓은 상에는 열두 덩이의 빵이 놓여 있었는데, 이 빵들은 이스라엘 (　　　) 지파를 먹이시는 하나님과 66권의 (　　　)을 상징한다.

6. 성막에서 금촛대의 역할은 빵 차리는 상의 빵을 밝히는 것인데, 이 점은 말씀에 조명을 해 주시는 (　　　)을 보여 준다.

7. 성소에서 피워지는 향은 (　　　　)를 상징한다.

8. 예수님께서 죽으셨을 때 성소와 지성소를 가로막는 (　　　)이 찢어졌다.

9. 성막에서 하나님께서 실제적으로 임재하셨던 곳은 (　　　　　)이다.

10. 『내가 그들 가운데 거할 성소를 나를 위하여 그들로 만들게 하라. 내가 너에게 보여 주는 모든 것대로 성막의 (   )과 그 모든 기구들의 (   )을 따라 너희는 그것을 만들지니라』(출 25:8,9).

■ 새롭게 깨달았거나 적용할 내용이 있다면 적어 보세요. ■

MEMO

NOTES

복습문제 정답

제1과

1. 마라
2. 만나
3. 예수 그리스도, 성령
4. X
5. 육신
6. X

제2과

1. 믿음, 행위
2. 죄의 깨달음
3. 마음, 혼, 생각
4. 일곱, 네

제3과

1. 이스라엘 자손
2. 약속
3. 율법, 위로자
4. 성육신
5. 자비, 은혜, 참음, 선함, 진리

제4과

1. 임재
2. 몸
3. 죄
4. 정결한
5. 열두, 성경
6. 성령님
7. 기도
8. 휘장
9. 지성소
10. 모양, 모양

■ 추천도서 ■

출애굽기

피터 S. 럭크만 지음 / 502쪽 20,000원(e-Book 14,000원)

출애굽기는 성경을 공부하려고 하는 그리스도인이 반드시 알아야 하는 책이다. 본 주석서를 읽고 공부하면 성경이 분명해지고 하나님에 관한 지식이 점점 쌓여 하나님의 일꾼이 될 수 있다. 매 구절마다 설명한 성경 주석의 참 맛을 즐겁게 누릴 수 있는 출애굽기는 모든 그리스도인의 필독서이다.

세대적 진리

클라렌스 라킨 지음 / 265×322 양장 / 322쪽 / 32,000원

1920년에 출간된 이후로 이 책만큼 전 세계 그리스도인들의 사랑을 받아온 책도 아마 드물 것이다. 이 책은 세대주의 연구의 기초가 되는 책으로 클라렌스 라킨의 역작이며, 성경을 연구하는 모든 그리스도인들의 필독서이다. 이 책을 펼쳐 드는 순간, 성경 전체의 예언을 꿰뚫는 거대한 스케일의 성경 연구가 시작된다.

성 막

피터 S. 럭크만 지음 / 80쪽 / 3,000원(e-Book 1,900원)

성막이나 성전은 구약에서 하나님의 임재의 장소였다. 신약 시대에는 성령님께서 성도들의 몸을 성전 삼아 그 안에 계신다. 성막은 구약에 속한 부분이지만, 성막과 그 안에 속한 모든 것들은 하나의 모형으로 신약 교리를 조명해 준다. 우리는 성막을 통해 우리의 구원에 대해 배우게 된다.

신구약을 관통하는 성경지도

편집부 지음 / 188×260 112쪽 / 15,000원

본서는 성경의 기록들에 충실한 상태에서, 독자들의 이해를 돕기 위해 역사적 자료들을 충분히 제시해 놓았다. 그래서 이 책 한 권으로 성경의 지리들을 이해함과 동시에, 구약과 신약에 있어서 개론적으로 알아야 할 모든 내용들을 이해할 수 있게 된다. 성경을 공부함에 있어서 본서는 독자들의 지적 호기심을 충족시키는 데 부족함이 없을 것이다.

솔로몬 성경공부 시리즈

출애굽기

제2권 하나님의 백성에게 주어진 십계명과 율법(15-40장)

초판인쇄 2025년 12월 29일
초판발행 2025년 12월 31일
지 은 이 / 편 집 부
발 행 인 / 박 승 용
발 행 처 / 말씀보존학회
출판등록 / 제409-2022-000036호
주　　소 / 서울 강서우체국 사서함 제90호
전　　화 / (02) 2665 - 3743
팩　　스 / (02) 2665 - 3302
인 터 넷 / www.biblemaster.co.kr

잘못된 책은 바꿔 드립니다.
값 10,000 원